KOKBOK "HÄLSOSAM KÅL OCH KIMCHI"

En guide till 100 näringsrika kålar och Kimchi-skapelser

ARVID SUNDBERG

Copyright Material ©2024

Alla rättigheter förbehållna

Ingen del av denna bok får användas eller överföras i någon form eller på något sätt utan korrekt skriftligt medgivande från utgivaren och upphovsrättsinnehavaren, förutom korta citat som används i en recension. Den här boken bör inte ses som en ersättning för medicinsk, juridisk eller annan professionell rådgivning.

INNEHÅLLSFÖRTECKNING

INNEHÅLLSFÖRTECKNING 3
INTRODUKTION 6
KIMCHI 7
   1. Napa Kål Kimchi 8
   2. Kinesisk Kål Och Bok Choy Kimchi 10
   3. kinesiska Kimchi 13
   4. Vit Kimchi 15
   5. Rädisa Kimchi 17
   6. Snabb Kimchi med gurka 20
   7. Vegansk Kimchi 22
   8. Baechu Kimchi (Kimchi med hel kål) 24
   9. Vit rädisa Kimchi/ Kkakdugi 26
   10. Gräslök Kimchi/Pa-Kimchi 29
   11. Lök Kimchi Med Peppar 31
   12. Grönkål Kimchi 34
   13. Fylld minigurka Kimchi 36
MATTAGNING MED KIMCHI 38
   14. Kimchi Stir-Fry/Kimchi- Bokkeum 39
   15. Kimchee nudlar 41
   16. Kimchi stekt ris med spam 43
   17. Slow Cooker Congee frukostskålar 45
   18. Nötkött Och Broccoliskålar Med Kimchi 47
   19. Fläsk och Kimchi Wokning/Kimchi- Jeyuk 49
   20. Nötköttskålar Med Zucchininudlar Och Kimchi 51
   21. Kimchi Fries 54
   22. Koreansk nötkött och löktacos 56
   23. Koreanska Kimchi Jjigae (gryta) 58
   24. Kimchi och tofusoppa 60
   25. Kimchi Och Blåmögelostcroissanter 62
   26. Kimchi nudelsallad 65
   27. Lax Och Kimchi Med Mayo Poke 67
   28. Kimchi Lax Poke 69
   29. Koreansk BBQ Pork Poke Bowl 71
   30. Probiotiska vårrullar 73
   31. Kimchi Ramen 76
   32. Fermenterad grönsaksgryta 78
   33. Quinoa och Kimchi sallad 80
   34. Probiotisk Guacamole 82
   35. Kimchi sås 84
   36. Kubbad Daikon Rädisa Kimchi 86

37. SALTA PANNKAKOR 88
38. BACON OCH KIMCHI PAELLA MED KYCKLING 90
39. KOREANSKT NÖTKÖTT OCH KIMCHI GRILLAD OST 93
40. KOREANSK BRISKET OCH KIMCHI-BURGARE 95
41. SOY CURL KIMCHEE VÅRRULLAR 98
42. ENPOTT KIMCHI RAMEN 100
43. KIMCHI FRIED RICE 103
44. KIMCHI SLAW 105
45. KIMCHI QUESADILLAS 107
46. KIMCHI AVOKADO TOAST 109
47. KIMCHI TOFU WOKNING 111
48. KIMCHI HUMMUS 113
49. KIMCHI SUSHI ROLLS 115
50. KIMCHI DEVILED EGGS 117
51. KIMCHI CAESAR SALLAD 119
52. KIMCHI GUACAMOLE 121
53. KIMCHI PANCAKES/ KIMCHIJEON 123
54. KINESISK KÅLSALLAD MED KIMCHISÅS 125

PICKAD KÅL 127

55. KLASSISK INLAGD KÅL 128
56. PICCALILLI 130
57. GRUNDLÄGGANDE SURKÅL 132
58. KRYDDIG ASIATISK INLAGD KÅL 134
59. ÄPPELCIDERVINÄGER INLAGD KÅL 136
60. DILL OCH VITLÖK INLAGD KÅL 138

MATTAGNING MED KÅL 140

61. RÖDKÅL COLESLAW 141
62. FIJIAN CHICKEN CHOP SUEY 143
63. VITKÅL OCH POTATIS 145
64. GREEN VEGGIE TOSTADAS 147
65. MANGOLD OCH BROCCOLI JUICE 149
66. RÄDISKÅLSLAW 151
67. REGNBÅGSSALLAD MED KÅL 153
68. MICROGREENS & SNÖÄRTSSALLAD 155
69. BITTERSÖT GRANATÄPPELSALLAD _ 157
70. COOL SALMON LOVER'S SALLAD 159
71. RULLAR AV SVAMPRISPAPPER 161
72. ASIATISK GNOCCHI-SALLAD 164
73. KÅLDUMPLINGS _ 166
74. TAIWANESISKA STEKTA RISNUDLAR 168
75. KÅL OCH EDAMAME WRAPS 170
76. ÄGGSTEKT RIS I EN MUGG 172
77. KÅLLASAGNE 174

78. Japansk Kål Okonomiyaki 176
79. Rödkål Grapefruktsallad 178
80. Kål Och Fläsk Gyoza 180
81. Vegetarisk Wontonsoppa 182
82. Kål Fisk Tacos 184
83. Fläskfilé Crostini Med Kålsallad 186
84. Açaí Skål Med Persikor Och Kål Microgreens 189
85. Frukt Och Kålsallad 191
86. Röd Sammetssallad Med Rödbetor Och Mozzarella 193
87. Kål Och Apelsinjuice 195
88. Vårkålsoppa med knaprig sjögräs 197
89. Kål Och Granatäpple Sallad 199
90. Nötköttsallad Med Inlagda Gojibär 201
91. Kål & Betsoppa 204
92. Rödkål med krysantemum s 206
93. Kålröra 208
94. Fyllda kålrullar 210
95. Kål Och Korv Soppa 212
96. Kålsallad Med Citrondressing 214
97. Kål Och Potatis Curry 216
98. Kål Och Räkor Woka 218
99. Fry Kål Och Svamp 220
100. Kål Och Jordnötssallad 222

SLUTSATS 224

INTRODUKTION

Välkommen till " Kokbok "hälsosam kål och kimchi" din ultimata guide för att utforska världen av näringsrik kål och konsten att tillverka läcker kimchi. Den här kokboken är en hyllning till den otroliga variationen av kål och jäsningens transformativa kraft, och erbjuder dig 100 recept för att höja dina kulinariska upplevelser med dessa hälsosamma ingredienser. Följ med oss på en resa som ger hälsofördelarna och djärva smakerna av kål och kimchi till ditt bord.

Föreställ dig ett kök fyllt med aromer av färsk kål och de syrliga, kryddiga tonerna av jäsande kimchi. "Kokbok "hälsosam kål och kimchi" är inte bara en samling recept; det är en utforskning av de olika kål som finns och de otaliga sätten på vilka kimchi kan förbättra dina måltider. Oavsett om du är en kimchikännare eller någon ny i världen av fermenterad mat, är dessa recept framtagna för att inspirera dig att omfamna det goda med kål och konsten att göra kimchi.

Från klassisk Napa-kålkimchi till uppfinningsrika skapelser med rödkål, savojkål och mer, varje recept är en hyllning till den näringsrika rikedom och djärva smaker som kål ger till ditt bord. Oavsett om du skapar en traditionell koreansk festmåltid, experimenterar med fusionsrätter eller vill lägga till en näringsrik twist till dina vardagliga måltider, är den här kokboken din bästa resurs för att utforska världen av kål och kimchi.

Följ med oss när vi fördjupar oss i hälsofördelarna, smakerna och den kulturella betydelsen av kål och kimchi, där varje skapelse är ett bevis på mångsidigheten och livskraften hos dessa ödmjuka men kraftfulla ingredienser. Så samla din kål, omfamna konsten att jäsa och låt oss ge oss ut på ett kulinariskt äventyr genom "Kokbok "hälsosam kål och kimchi".

KIMCHI

1.Napa Kål Kimchi

INGREDIENSER:
- 1 napakål, skuren på tvären i 2-tums bitar
- ½ medelstor daikonrädisa, skalad och skuren i fjärdedelar på längden,
- sedan i ½ tum tjocka bitar
- 2 matskedar havssalt
- ½ kopp vatten
- 2 salladslökar, skivade i 2-tums längder
- 3 vitlöksklyftor, hackade
- 1 msk riven färsk ingefära
- 1 msk koreanskt chilipulver

INSTRUKTIONER:
a) Lägg kål- och daikonbitarna i en stor mixerskål.
b) Placera saltet och vattnet i en separat liten skål; blanda för att lösas upp. Häll över grönsakerna. Ställ åt sidan i rumstemperatur över natten för att mjukna.
c) Nästa dag, dränera, spara saltvattnet som grönsakerna blötläggs i. Tillsätt salladslöken, vitlöken, ingefäran och chilipulvret till kålblandningen och blanda väl.
d) Packa blandningen tätt i en ½-liters glasburk med lock. Häll det sparade saltvattnet i burken, lämna 1 tum utrymme på toppen. Stäng locket ordentligt.
e) Lämna burken på en sval, mörk plats i 2 till 3 dagar (beroende på temperatur och hur syltad och fermenterad du vill ha din kimchi). Kyl efter öppning.
f) Håller sig ett par veckor i kylen.

2.Kinesisk Kål Och Bok Choy Kimchi

INGREDIENSER:
- 3 msk oraffinerat, grovt havssalt eller 1½ msk fint havssalt
- 3 koppar filtrerat, oklorerat vatten
- 1 pund kinakål, grovt hackad
- 3 huvuden baby bok choy, grovt hackad
- 4 rädisor, grovt hackade
- 1 liten lök
- 3 vitlöksklyftor
- 1 2-tums bit ingefära
- 3 chili

INSTRUKTIONER:

a) Blanda vattnet och havssaltet tills saltet har löst sig för att bilda saltlaken. Avsätta.
b) Grovhacka kål, bok choy och rädisor. Blanda och lägg i en liten kruka eller skål.
c) Häll saltlaken över grönsaksblandningen tills den täcks.
d) Placera en tallrik som precis får plats i krukan eller skålen och väg ner den med vikter av livsmedelskvalitet, en burk eller en annan skål fylld med vatten. Täck och låt sitta i minst 4 timmar eller över natten.
e) Purea lök, vitlök, ingefära och chili i en matberedare för att bilda en pasta.
f) Häll av saltlaken från grönsakerna, spara den för senare användning. Smaka av grönsaksblandningen för sälta.
g) Skölj den om den är för saltsmakande eller tillsätt en nypa havssalt om det behövs.
h) Blanda grönsakerna och kryddblandningen tills de är ordentligt blandade.
i) Packa den tätt i en liten kruka eller skål, tillsätt en liten mängd av saltlaken om det behövs för att hålla grönsakerna nedsänkta. Väg ner grönsakerna med en tallrik och en livsmedelsklassad vikt. (Jag använder en mindre skål av glas eller keramik fylld med den återstående saltlaken för att fungera som en vikt.
j) Om du behöver ytterligare saltlake eller om grönsaksblandningen expanderar för att nå skålen, innehåller den samma saltlake.) Täck med ett lock.
k) Jäs i cirka 1 vecka, eller längre om du föredrar en kimchi med tangier-smak.
l) Lägg i en glasskål eller burk med lock och ställ i kylen. Servera som tillbehör, krydda eller ovanpå brunt ris över vermicelli nudlar för en snabb och utsökt middag.

3.kinesiska Kimchi

INGREDIENSER:
- 1 huvud napa eller kinakål, hackad
- 3 morötter, rivna
- 1 stor daikonrädisa, riven eller en kopp små röda rädisor, fint skivade
- 1 stor lök, hackad
- 1/4 kopp dulse- eller nori- tångflingor
- 1 msk chilipepparflingor
- 1 msk finhackad vitlök
- 1 msk finhackad färsk ingefära
- 1 msk sesamfrön
- 1 matsked socker
- 2 tsk havssalt av god kvalitet
- 1 tsk fisksås

INSTRUKTIONER:
a) Blanda helt enkelt alla ingredienserna i en stor skål och låt stå i 30 minuter.
b) Packa blandningen i en stor glasburk eller 2 mindre burkar. Tryck ner den ordentligt.
c) Toppa med en vattenfylld Ziploc-påse för att hålla syre ute och hålla grönsakerna nedsänkta under saltlaken.
d) Lägg på locket löst och ställ åt sidan för att jäsa i minst 3 dagar. Smaka av efter 3 dagar och bestäm om det smakar tillräckligt surt. Det är en fråga om personlig smak så det är bara att prova tills du gillar det!
e) När du är nöjd med smaken kan du förvara kimchi i kylen där den håller sig i flera månader, om den håller så länge!!

4.Vit Kimchi

INGREDIENSER:
- 1 stor Napa-kål (cirka 2½ pund), i fjärdedelar, med stjälken borttagen och skär i 1-tums bitar
- 1 stor morot, skuren i 2 tum långa remsor
- 1 stor svart spansk rädisa eller 3 röda rädisor, skurna
- 1 röd paprika, kärnad, urkärnad och urkärnad
- 3 kvistar grön lök eller gräslök, hackad i 1-tums bitar
- 2 päron, skaftade, kärnade och delade
- 3 vitlöksklyftor, skalade
- ½ liten lök, i fjärdedelar
- 1-tums bit färsk ingefära
- 3 matskedar oraffinerat fint havssalt eller 6 matskedar oraffinerat grovt havssalt
- 6 koppar filtrerat vatten

INSTRUKTIONER:
a) I en stor skål, kombinera kål, morot, rädisa, paprika och salladslök.
b) Kombinera päron, vitlök, lök och ingefära i en matberedare och mixa till en puré. Häll päronblandningen över de hackade grönsakerna. Tillsätt saltet och blanda ihop alla grönsaker tills de är jämnt belagda med päronpuré och salt.
c) Lägg grönsaksblandningen i en stor kruka och häll vattnet över den.
d) Placera en tallrik som passar inuti krukan för att täcka grönsakerna och håll dem nedsänkta.
e) Placera matsäkra vikter eller en glasskål eller burk fylld med vatten ovanpå tallriken för att hålla grönsakerna nedsänkta.
f) Täck med lock och förvara på en sval, ostörd plats i cirka en vecka eller tills den har nått önskad nivå av syrlighet.
g) Överför till burkar eller en skål, täck över och kyl, där kimchi ska hålla i upp till ett år.

5.Rädisa Kimchi

INGREDIENSER:
- 2 pund koreanska rädisor (mu), skalade och skurna i 1-tums kuber
- 2 msk grovt havssalt
- 2 vitlöksklyftor, hackade
- 1 tsk ingefära, riven
- 2 msk koreanska rödpepparflingor (gochugaru)
- 1 msk fisksås (valfritt, för umami-smak)
- 1 msk sojasås (valfritt, för extra djup av smak)
- 1 matsked socker
- 4 salladslökar, hackade
- 1 liten morot, finhackad (valfritt)

INSTRUKTIONER:

a) Lägg rädisetärningarna i en stor mixerskål. Strö saltet över rädisorna och blanda så att det blir jämnt. Låt dem sitta i cirka 30 minuter för att släppa ut fukten.

b) Skölj rädisetärningarna under kallt vatten för att få bort överflödigt salt. Låt rinna av väl och överför dem till en ren, torr skål.

c) I en separat skål kombinerar du hackad vitlök, riven ingefära, koreanska rödpepparflingor, fisksås (om du använder), sojasås (om du använder) och socker. Blanda väl till en pastaliknande blandning.

d) Tillsätt pastan till rädisetärningarna och rör om så att rädisorna täcks jämnt med kryddorna. Tillsätt salladslöken och morötterna (om du använder den) och blanda allt.

e) Packa den kryddade rädisblandningen tätt i en ren glasburk, tryck ner för att ta bort eventuella luftfickor. Lämna ungefär en tum av headspace överst.

f) Täck burken med ett lock men förslut den inte ordentligt så att gas kan strömma ut under jäsningen. Ställ burken på en sval, mörk plats, som ett skåp eller skafferi, och låt den jäsa i 2 till 5 dagar. Kontrollera kimchi dagligen och tryck ner den med en ren sked för att hålla rädisorna nedsänkta i vätskan som kommer att bildas.

g) Smaka av kimchi efter 2 dagar för att se efter önskad nivå av jäsning. Om den har utvecklat den syrliga och lite syrliga smaken du föredrar, överför burken till kylskåpet för att sakta ner jäsningsprocessen. Annars fortsätt jäsa ytterligare några dagar tills du når önskad smak.

h) Rädisakimchi kan avnjutas direkt, men den kommer att fortsätta att utveckla smak när den jäser i kylen. Den kan förvaras i kylen i flera veckor.

6.Snabb Kimchi med gurka

INGREDIENSER:
- 2 gurkor, tunt skivade
- 1 msk havssalt
- 1 msk riven ingefära
- 2 vitlöksklyftor, hackade
- 2 msk risvinäger
- 1 matsked socker
- 1 msk koreanska rödpepparflingor (gochugaru)

INSTRUKTIONER:
a) Kasta gurkskivorna med havssalt och låt dem sitta i 30 minuter. Häll av överflödigt vatten.
b) Blanda ingefära, vitlök, risvinäger, socker och röda paprikaflingor i en skål för att skapa kimchipastan.
c) Belägg gurkskivorna med pastan och packa i en burk. Ställ i kylen i minst 2 timmar innan servering.

7. Vegansk Kimchi

INGREDIENSER:
- 1 medelstor napakål
- 1 kopp koreansk rädisa (mu), finhackad
- 1/2 kopp koreanskt grovt havssalt
- 1 msk riven ingefära
- 4 vitlöksklyftor, hackade
- 3 msk sojasås
- 2 matskedar socker
- 1 msk koreanska rödpepparflingor (gochugaru)

INSTRUKTIONER:
a) Skär napakålen i lagom stora bitar och finfördela den koreanska rädisan.
b) I en stor skål, strö kålen och rädisan med koreanskt grovt havssalt. Kasta väl för att säkerställa en jämn beläggning. Låt stå i ca 2 timmar, vänd då och då.
c) Skölj kålen och rädisan noga under kallt vatten för att få bort överflödigt salt. Häll av och ställ åt sidan.
d) I en separat skål, blanda riven ingefära, hackad vitlök, sojasås, socker och koreanska rödpepparflingor (gochugaru) för att skapa en pasta.
e) Belägg kålen och rädisan med pastan, se till att de är väl täckta.
f) Överför blandningen i en ren, lufttät behållare, tryck ner för att ta bort luftbubblor. Lämna lite utrymme på toppen för att möjliggöra jäsning.
g) Förslut behållaren och låt den jäsa i rumstemperatur i ca 2-3 dagar. Förvara den sedan i kylen.

8.Baechu Kimchi (Kimchi med hel kål)

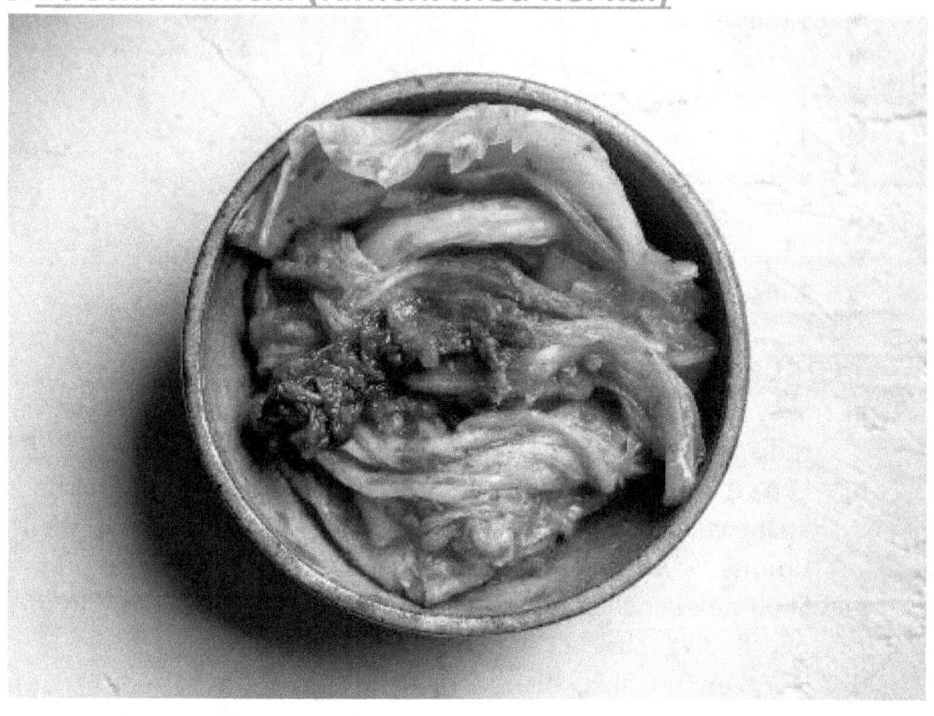

INGREDIENSER:
- 1 hel napakål
- 1 kopp koreansk rädisa (mu), finhackad
- 1/2 kopp koreanskt grovt havssalt
- 1 kopp vatten
- 1 msk riven ingefära
- 5 vitlöksklyftor, hackade
- 3 msk fisksås
- 2 msk sojasås
- 2 matskedar socker
- 2 msk koreanska rödpepparflingor (gochugaru)

INSTRUKTIONER:
a) Skär hela Napa-kålen på mitten på längden och skär sedan varje halva i tredjedelar. Detta kommer att resultera i sex stycken.
b) Lös koreanskt grovt havssalt i en kopp vatten. Strö generöst över kålen och den koreanska rädisan med denna saltvattenblandning och se till att få det mellan bladen. Låt stå i ca 2 timmar, vänd då och då.
c) Skölj kålen och rädisan noga under kallt vatten för att få bort överflödigt salt. Häll av och ställ åt sidan.
d) Blanda riven ingefära, hackad vitlök, fisksås, sojasås, socker och koreanska rödpepparflingor (gochugaru) i en skål för att skapa en pasta.
e) Belägg varje kålblad och rädisabit med pastan, se till att de är väl täckta.
f) Stapla ihop kålbitarna igen för att reformera hela kålformen.
g) Överför hela kålen i en ren, lufttät behållare, tryck ner för att ta bort luftbubblor. Lämna lite utrymme på toppen för att möjliggöra jäsning.
h) Förslut behållaren och låt den jäsa i rumstemperatur i ca 2-3 dagar. Förvara den sedan i kylen.

9.Vit rädisa Kimchi/ Kkakdugi

INGREDIENSER:
SALTVATTEN
- 1,5 kg (3 lb 5 oz) skalad vit rädisa (daikon), svart rädisa eller kålrot
- 40 g (1½ oz) grovt havssalt
- 50 g (1¾ oz) socker
- 250 ml (1 kopp) kolsyrat vatten

MARINAD
- 60 g (2¼ oz) gochugaru Chili pulver
- 110 g (3¾ oz) vanlig (all-purpose) mjölsoppa
- ½ päron
- ½ lök
- 50 g (1¾ oz) fermenterad ansjovissås
- 60 g (2¼ oz) vitlöksklyftor
- 1 tsk mald ingefära
- 5 cm (2 tum) purjolök (vit del)
- ½ msk havssalt 2 msk socker

INSTRUKTIONER:

a) Skär rädisan i 1,2 cm (½ tum) tjocka sektioner, sedan varje sektion i fjärdedelar. Lägg dem i en skål och tillsätt det grova havssaltet, sockret och bubbelvatten. Blanda väl med händerna så att sockret och saltet gnids in ordentligt. Låt stå i cirka 4 timmar i rumstemperatur. När rädisbitarna blir elastiska är saltningen klar. Skölj rädisabitarna en gång i vatten. Låt dem rinna av i minst 30 minuter.

b) För marinaden, blanda gochugaru i den kalla mjölsoppan (samma beredningsteknik som för rismjölssoppan, sidan 90). Puréa päron, lök och fermenterad ansjovissås i en liten matberedare och blanda med gochugaru- mjölblandningen. Krossa vitlöken och rör ner den i blandningen tillsammans med den malda ingefäran. Skär purjolöken i tunna skivor och rör ner i blandningen. Avsluta smaksättningen med havssalt och socker.

c) Kombinera rädisabitarna med marinaden. Lägg i en lufttät behållare, fyll den till 70 %. Täck med plastfolie och tryck till för att få bort så mycket luft som möjligt.

d) Stäng locket ordentligt. Låt stå i 24 timmar mörkt i rumstemperatur och förvara sedan i kylen i upp till 6 månader. Smaken på denna kimchi är som bäst när den är väljäst, vilket är efter cirka 3 veckor.

10.Gräslök Kimchi/Pa-Kimchi

INGREDIENSER:
SALTVATTEN
- 400 g (14 oz) vitlök
- 50 g (1¾ oz) fermenterad ansjovissås

MARINAD
- 40 g (1½ oz) gochugaru Chili pulver
- 30 g (1 oz) rismjölssoppa
- ¼ päron
- ¼ lök
- 25 g (1 oz) vitlöksklyftor
- 1 msk konserverad citron
- ½ tsk mald ingefära 1 msk socker

INSTRUKTIONER:
a) Tvätta gräslökstjälkarna väl och ta bort rötterna. Ordna knippen gräslök, lökar nedåt, i en stor skål. Häll ansjovissåsen över gräslöken, direkt på den nedersta delen. Alla stjälkar ska vara väl fuktade. Hjälp till att sprida såsen med händerna, jämna ut från botten till toppen. Var 10:e minut, flytta såsen på samma sätt från botten av skålen till toppen av stjälkarna och fortsätt med detta i 30 minuter.

b) Rör ner chilipulvret i rismjölssoppan. Mosa ihop päron och lök i en liten matberedare och krossa vitlöken. Blanda med rismjölssoppan. Häll blandningen i skålen som innehåller gräslöken. Tillsätt den konserverade citronen, malen ingefära och socker. Blanda genom att belägga varje gräslöksstjälk med marinaden.

c) Lägg i en lufttät behållare, fyll till 70 %. Täck med plastfolie och tryck till för att få bort så mycket luft som möjligt.

d) Stäng locket ordentligt. Låt stå mörkt i 24 timmar i rumstemperatur och förvara sedan i kylen i upp till 1 månad.

11.Lök Kimchi Med Peppar

INGREDIENSER:
- 4 klasar (ca 35 stjälkar) vår- eller salladslökar
- 2 matskedar. kosher salt
- 4 vitlöksklyftor
- 1-tums bit färsk ingefära, skalet avlägsnat
- 1 matsked. röd båtfisksås eller annan fisksås utan MSG och konserveringsmedel (uteslut om du vill ha vegansk kimchi)
- ½ kopp grova pepparflingor (gochugaru)

INSTRUKTIONER:
a) Tvätta vårlöken, skär bort rötterna, skala det yttre tunna lagret och ta bort alla gamla eller skadade gröna delar runt löken. När löken är ren och förberedd, skölj igen med kallt vatten.
b) Placera lök i en glasskål som en 9 x 13-tums ugnsform av märket Pyrex. Strö salt över löken. Använd händerna för att blanda salt jämnt runt lök och låt sitta i 2 timmar. Blanda lök efter 1 timme. Efter 2 timmar, skölj bort saltet med kallt vatten och låt rinna av i ett durkslag.
c) I en matberedare, tillsätt vitlök, ingefära och fisksås och mixa tills det är puré. Överför blandningen i en medelstor skål och tillsätt pepparflingorna. Blanda väl.
d) Tillsätt den sköljda löken och pepparblandningen i en annan stor glasform, t.ex. Pyrex-märket 9 x 13-tums bakform. Skär lök i 2-tums bitar. Belägg vårlöken noga med blandningen och blanda igen. Överför löken som är kvävd i kimchibasen till en ren burk eller annat jäsningskärl.
e) Packa in löken väl, men lämna cirka 1 tum utrymme från löken till burkens kant.
f) Täck varje burk eller kruka med en ostduk eller annat ventilerande lock för att förhindra att damm och insekter kommer in i din jäsning. Eller om du jäser i en burk kan du också lägga på burkens lock och skruva fast ringen ordentligt. Om du lägger på locket måste du "rapa" jäsningen dagligen för att frigöra eventuell uppbyggd gas som skapas under jäsningen. Förvara i rumstemperatur, helst mellan 60ºF (16ºC) och 75ºF (24ºC). Förvaras borta från direkt solljus.
g) Jäs i rumstemperatur i 2 dagar, överför till en lufttät behållare och överför till kylen. Lökblandningen fortsätter att sakta jäsa i kylen. Du kan äta jäsningen när som helst, men smakerna kommer att fortsätta att förvandlas, och helst vara bäst runt tvåveckorsgränsen.

12.Grönkål Kimchi

INGREDIENSER:
- 1 recept Grundläggande grönkål surkål, skivad i 2-tums rutor
- 5 matskedar Kimchisås

INSTRUKTIONER
a) I en stor skål, kombinera salt och vatten; blanda för att lösa upp saltet. Tillsätt kålen och låt dra i 2 timmar.
b) Häll av och häll bort vattnet från kålen. Sätt på handskar för att skydda händerna, tillsätt Kimchisåsen och gnid in i kålen.
c) Placera blandningen i en ½-liters glasburk och stäng locket ordentligt. Låt stå en dag i rumstemperatur. Förvara i kylen efter öppnande.
d) Håller sig i 2 veckor i kylen.

13.Fylld minigurka Kimchi

INGREDIENSER:
- 8 minigurkor
- 1 msk havssalt

FYLLNING
- 1 kopp julienned daikonrädisa
- ¼ kopp julienerad gul lök
- 2 julienerade salladslökar
- 2 msk Kimchisås

INSTRUKTIONER:
a) Skiva varje gurka på längden, lämna 1 tum i botten oskuren. Rotera och skär på längden igen, lämna återigen 1 tum i botten oskuren. (1-tumsbasen håller ihop de fyra skivade fjärdedelarna av varje gurka.)
b) Lägg gurkorna i botten av en liten bricka eller skål, och strö salt inuti fruktköttet och på utsidan av gurkorna. Ställ åt sidan i 2 timmar i rumstemperatur.
c) Häll av och släng vätskan från gurkorna.
d) Blanda ingredienserna till fyllningen i en separat skål och blanda väl. Använd en åttondel av fyllningsblandningen per gurka, fyll öppna utrymmen på varje gurka, passa gurkfjärdedelarna tätt mot fyllningen.
e) Packa de fyllda gurkorna i glasburkar så att de sitter tätt (välj inte burkar som lämnar extra luft runt cukesna) . Stäng locken ordentligt och njut nästa dag.
f) Håller sig 3 dagar i kylen.

MATTAGNING MED KIMCHI

14. Kimchi Stir-Fry/Kimchi- Bokkeum

INGREDIENSER:
- 2 fjärdedelar kinakål kimchi
- 3 cm (1¼ tum) purjolök (vit del)
- 2 matskedar neutral vegetabilisk olja
- 1½ msk socker
- 1 msk sesamolja

INSTRUKTIONER:
a) Skär kålkimchi-kvarteren i 2 cm (¾ tum) breda remsor.
b) Hacka purjolöken.
c) Belägg en stekpanna med vegetabilisk olja och fräs purjolöken på hög värme tills den doftar. Tillsätt kimchi och socker i pannan. Stek på medelhög värme i 5 till 10 minuter tills kimchien är halvmjuk. Om kimchi verkar för torr, tillsätt 3 msk vatten under tillagningen.
d) Stäng av värmen men låt pannan stå kvar på hällen eller kokplattan. Ringla över sesamoljan och blanda sedan ihop.

15.Kimchee nudlar

INGREDIENSER:
- 1 ½ kopp kimchee
- 1 (3 uns) förpackningar orientalisk smak snabba ramen nudlar
- 1 (12 uns) paket Skräppost, kuber
- 2 matskedar vegetabilisk olja

INSTRUKTIONER:
a) Koka nudlarna enligt anvisningarna på förpackningen. Sätt pannan på medelvärme. Hetta upp oljan i den. Fräs i spambitarna i 3 minuter.
b) Rör ner nudlarna efter att ha tömt dem och koka dem i ytterligare 3 minuter.
c) Rör ner kimchee och koka dem i 2 minuter. servera dina nudlar värma.

16.Kimchi stekt ris med spam

INGREDIENSER:
- 3 msk rapsolja, delad
- ¾ kopp tärnad Spam
- 1 dl hackad kimchi
- 2 msk kimchijuice
- 1 msk sojasås
- 1 msk gochugaru (koreanska rödpepparflingor)
- 2 msk osaltat smör
- 3 ½ dl kokt vitt ris
- 1 msk sesamolja
- 3 ägg

FRIVILLIG:
- Hackad salladslök
- Finstrimlad nori (rostad tång)
- Rostade sesamfrön

INSTRUKTIONER:

a) Värm 2 matskedar rapsolja över medelhög värme i en nonstick-panna eller gjutjärnspanna.
b) Tillsätt den tärnade spam i stekpannan och fräs den tills den får lite färg, vilket bör ta cirka 5 minuter.
c) Tillsätt hackad kimchi, kimchijuice, sojasås och gochugaru i stekpannan. Fräs denna blandning i 5 till 10 minuter.
d) Häll in det osaltade smöret i pannan och rör om tills det smälter.
e) Tillsätt 3 ½ koppar kokt ris i pannan och blanda noggrant tills allt ris är täckt med kimchi och sås.
f) Smaka av det stekta riset för smaksättning och justera efter behov. Om det är för salt kan du lägga till extra ris för att balansera smakerna.
g) Tillsätt sesamoljan till det stekta riset och blanda det väl.
h) Stäng av värmen och ställ riset åt sidan.
i) I en separat nonstick-panna, värm 1 matsked rapsolja över medelhög värme.
j) Stek äggen till önskad form, gärna med solsidan upp.
k) Servera kimchistekta riset toppat med ett stekt ägg och garnera, om så önskas, med hackad salladslök, strimlad nori och sesamfrön.
l) Njut av din läckra Kimchi Fried Rice Med Spam!

17.Slow Cooker Congee frukostskålar

INGREDIENSER:

- ¾ kopp (125 g) jasminris
- 4 koppar (940 ml) vatten
- 3 koppar (705 ml) grönsaks- eller kycklingfond
- 1-tums (2,5 cm) bit färsk ingefära, skalad och tunt skivad
- Kosher salt och nymalen svartpeppar
- 3 matskedar (45 ml) avokado eller extra virgin olivolja, delad
- 6 uns (168 g) svamp, helst cremini eller shiitake, skivad
- 6 koppar (180 g) babyspenat
- 4 stora ägg
- Kimchi
- Salladslök, tunt skivad

INSTRUKTIONER:

a) Tillsätt ris, vatten, fond, ingefära och 1 tsk (6 g) salt till en 3½-quart (3,2 L) eller större långkokare och rör om. Täck, ställ in på låg och koka tills riset är brutet och krämigt, cirka 8 timmar.
b) Ta bort och släng ingefäran. Rör om, skrapa sidorna och botten av den långsamma kokaren. Dela congee mellan skålar.
c) Värm 1 matsked (15 ml) av oljan i en stor stekpanna på medelhög värme. Tillsätt svampen, smaka av med salt och peppar och fräs tills de är mjuka, cirka 5 minuter. Sked över congee.
d) Värm 1 matsked (15 ml) olja i samma stekpanna på medelvärme. Tillsätt spenaten och koka, rör om då och då, tills det precis vissnat, cirka 2 minuter. Fördela spenaten bland skålarna.
e) Värm den återstående 1 matskeden (15 ml) oljan i samma stekpanna och stek äggen.
f) Tillsätt äggen i skålarna med congee och toppa med kimchi och salladslökar.

18.Nötkött Och Broccoliskålar Med Kimchi

INGREDIENSER:
- 2½ matskedar (37 ml) avokado eller extra virgin olivolja, uppdelad
- 1 pund (455 g) köttfärs
- Kosher salt och nymalen svartpeppar
- 1½ matskedar (23 ml) kokosnötaminos, uppdelade
- ¼ kopp (12 g) hackad thaibasilika
- 16 uns (455 g) risad broccoli
- 1 stor (eller 2 medelstor) bok choy
- 2 vitlöksklyftor, hackade
- 1 kopp (40 g) strimlad radicchio
- 4 salladslökar, tunt skivade
- Kimchi
- Böngroddar
- 1 recept Miso-Ingefärssås (sida 23)
- sesamfrön

INSTRUKTIONER:
a) Värm ½ matsked (7 ml) av oljan i en stor stekpanna på medelhög värme. Tillsätt nötköttet, smaka av med salt och peppar och koka, bryt upp köttet med en träslev, tills det är brynt och genomstekt, 6 till 8 minuter. Rör ner 1 matsked (15 ml) av kokosnötsaminosyrorna och koka en minut längre. Ta av från värmen och rör ner basilikan.
b) Värm under tiden 1 matsked (15 ml) olja i en separat stekpanna på medelvärme. Tillsätt den risade broccolin, salt och peppar och koka, rör om då och då, tills broccolin mjuknat något, 3 till 5 minuter. Dela mellan skålar.
c) Värm den återstående 1 matskeden (15 ml) oljan i samma stekpanna, tillsätt bok choy och rör om. Tillsätt vitlöken och en nypa salt och fräs, rör om då och då, tills det precis vissnat. Rör i den återstående ½ matskeden (7 ml) kokosnötsaminosyrorna och koka 1 minut längre.
d) För att servera, tillsätt bok choy och radicchio i skålarna med broccolin. Toppa med nötkött, salladslök, kimchi och böngroddar, ringla över Miso-Ingefärssås och strö över sesamfrön.

19.Fläsk och Kimchi Wokning/Kimchi- Jeyuk

INGREDIENSER:

- 600 g (1 lb 5 oz) benfri fläskaxel
- 3 matskedar socker
- 350 g (12 oz) kinakål kimchi
- 10 cm (4 tum) purjolök (vit del)
- 50 ml (lite ¼ kopp) vit alkohol (soju eller gin)
- 40 g (1½ oz) kryddig marinad
- 1 msk jäst ansjovissås

TOFU
- 200 g (7 oz) fast tofu
- 3 matskedar neutral vegetabilisk olja
- Salt

INSTRUKTIONER:

a) Skär fläsket i tunna skivor med en mycket vass kniv. Den kan frysas i 4 timmar innan den skivas. Marinera fläskskivorna i sockret i 20 minuter. Skär kålen i 2 cm (¾ tum) breda remsor. Skär purjolöken i 1 cm (½ tum) tjocka sektioner diagonalt. Blanda kimchi, vitsprit och kryddig marinad med fläsket.

b) Hetta upp en stekpanna på hög värme och fräs fläsk- och kimchiblandningen i 30 minuter. Tillsätt lite vatten under tillagningen om blandningen verkar för torr. Tillsätt purjolöken och fräs ytterligare 10 minuter. Smaksätt med den jästa ansjovissåsen.

c) Skär under tiden tofun i 1,5 cm (⅝ tum) rektanglar. Hetta upp en stekpanna belagd med vegetabilisk olja. Stek på medelvärme tills alla sidor är fint gyllene. Använd en spatel och en sked för att vända tofubitarna så att de inte går sönder. Krydda varje sida med salt under tillagningen. Efter tillagning, låt tofun svalna på hushållspapper.

d) Lägg en bit kimchi och fläsk på en rektangel av tofu och ät tillsammans.

20.Nötköttskålar Med Zucchininudlar Och Kimchi

INGREDIENSER:
- ¾ kopp (125 g) brunt ris
- 2½ koppar (590 ml) vatten, delat
- Kosher salt och nymalen svartpeppar
- 1 kopp (110 g) strimlad morot
- 1 kopp (235 ml) risvinäger
- 2 matskedar (30 ml) tamari
- 2 teskedar (12 g) honung
- 1 tsk (5 ml) rostad sesamolja
- ¼ tesked röd paprikaflingor
- 1 pund (455 g) köttfärs
- 2 salladslökar, tunt skivade
- 1 matsked (15 ml) avokado eller extra virgin olivolja
- 6 förpackade koppar (180 g) babyspenat
- 2 vitlöksklyftor, hackade
- 8 uns (225 g) zucchininudlar
- Kimchi
- 1 recept Miso-Ingefärssås (sida 23)
- sesamfrön

INSTRUKTIONER:
a) Tillsätt riset, 1½ koppar (355 ml) av vattnet och en generös nypa salt i en medelstor kastrull och låt koka upp. Sänk värmen till låg, täck över och koka tills riset är mört, cirka 40 minuter. Ta av från värmen och ångkoka riset med locket på i 10 minuter.
b) Lägg de strimlade morötterna i en medelstor skål. Koka upp vinägern, återstående 1 kopp (235 ml) vatten och 1 tesked (6 g) salt i en medelstor kastrull, rör om för att lösa upp saltet. Häll den heta vätskan över morötterna; avsätta.
c) Vispa ihop tamari, honung, sesamolja och röd paprikaflingor i en liten skål; avsätta.
d) Värm en stor stekpanna över medelhög värme. Tillsätt nötköttet, smaka av med salt och peppar och koka, bryt upp köttet med en träslev, tills det är brynt och genomstekt, 6 till 8 minuter. Rör ner tamariblandningen och salladslöken och koka i 1 minut längre.
e) Värm under tiden oljan i en separat stekpanna på medelvärme. Tillsätt spenat och vitlök och smaka av med en nypa salt och peppar. Koka, rör om då och då, tills det precis vissnat, 2 till 3 minuter.
f) Häll av vätskan från morötterna. För att servera, dela ris- och zucchininudlarna mellan skålar. Toppa med nötkött, vitlöksspenat, syltade morötter och kimchi. Ringla över Miso-Ingefärssås och strö över sesamfrön.

21.Kimchi Fries

INGREDIENSER:
- 4 stora potatisar, skurna i pommes frites
- 2 matskedar vegetabilisk olja
- 1 dl kimchi, avrunnen och hackad
- ¼ kopp majonnäs
- 1 msk sesamolja
- 1 msk sesamfrön
- 2 salladslökar, tunt skivade
- Salta och peppra efter smak

INSTRUKTIONER:
a) Värm ugnen till 425°F (220°C) och klä en plåt med bakplåtspapper.
b) I en stor skål, släng potatisfritesen med vegetabilisk olja, salt och peppar.
c) Fördela pommes fritesen i ett enda lager på plåten och grädda i 25-30 minuter, eller tills de är knapriga.
d) Blanda majonnäsen och sesamoljan i en liten skål.
e) Ta ut pommes fritesen från ugnen och överför dem till en serveringsform.
f) Toppa pommes fritesen med hackad kimchi, ringla över sesammajoblandningen och strö över sesamfrön och skivad salladslök.
g) Servera varm och njut av de unika smakerna av kimchifrites.

22.Koreansk nötkött och löktacos

INGREDIENSER:
- 2 matskedar gochujang
- 1 msk sojasås
- 2 msk sesamfrön
- 2 tsk finhackad färsk ingefära
- 2 vitlöksklyftor, hackade
- 2 msk rostad sesamolja
- 2 tsk socker
- ½ tsk kosher salt
- 1½ pund (680 g) tunt skivad biffchuck
- 1 medelstor rödlök, skivad
- 6 majstortillas, värmda
- ¼ kopp hackad färsk koriander
- ½ kopp kimchi
- ½ kopp hackad salladslök

INSTRUKTIONER:
a) Kombinera gochujang, sojasås, sesamfrön, ingefära, vitlök, sesamolja, socker och salt i en stor skål. Rör om för att blanda väl.
b) Doppa nötköttsbiten i marinaden och tryck till så att den sänks ned, täck sedan skålen och ställ i kylen för att marinera i minst 1 timme.
c) Ta bort nötköttsbiten från marinaden och lägg över den på en stekpanna. Lägg löken ovanpå.
d) Grilla vid 400ºF (205ºC) i 12 minuter.
e) Rör om blandningen halvvägs genom tillagningstiden.
f) Vik ut tortillorna på en ren arbetsyta och dela sedan det stekta nötköttet och löken på tortillorna.
g) Fördela koriander, kimchi och salladslök ovanpå.
h) Servera omedelbart.

23.Koreanska Kimchi Jjigae (gryta)

INGREDIENSER:
- ½ pund fläskmage, tunt skivad
- 1 liten lök, tunt skivad
- 3 vitlöksklyftor, hackade
- 2 koppar kimchi, hackad, med dess juice
- 1 block (cirka 14 uns) mjuk tofu, i tärningar
- 2 matskedar gochugaru (koreanskt chilipulver)
- 4 dl vatten eller osaltad kycklingbuljong
- 2 salladslökar, hackade (för garnering)
- Ångat ris (till servering)

INSTRUKTIONER:
a) Börja med att ställa in din Instant Pot till funktionen "Sauté".
b) Lägg i den tunt skivade fläskmagen och fräs i ca 2-3 minuter tills den börjar få färg och släpper fett.
c) Tillsätt den tunt skivade löken och hackad vitlök i Instant Pot. Fräs ytterligare 2-3 minuter tills löken blir genomskinlig.
d) Rör ner den hackade kimchi och dess juice. Fräs i ytterligare 2 minuter för att kombinera smakerna.
e) Tillsätt den tärnade mjuka tofun i Instant Pot, var försiktig för att undvika att tofun går sönder.
f) Strö gochugaru (koreanskt chilipulver) över ingredienserna och blanda i det.
g) Häll i vattnet eller osaltad kycklingbuljong för att täcka ingredienserna.
h) Stäng Instant Pot-locket och se till att ventilen är inställd på "Sealing".
i) Välj funktionen "Manuell" eller "Tryckkokning" på högt tryck och ställ in den i 5 minuter.
j) Efter att tillagningscykeln är klar, låt trycket släppas snabbt genom att försiktigt vrida ventilen till "Ventning".
k) Öppna försiktigt Instant Pot-locket och rör om Kimchi Jjigae ordentligt för att säkerställa att alla ingredienser är väl blandade.
l) Servera din Instant Pot koreanska Kimchi Jjigae varm, garnerad med hackad salladslök.

24.Kimchi och tofusoppa

INGREDIENSER:
- Vegetabilisk olja, en matsked
- Scallions, sex
- Kimchi, halv kopp
- Kycklingbuljong, en kopp
- Sojasås, tre matskedar
- Salta och peppra efter smak
- Vitlök och ingefära pasta, en matsked
- Tofu, ett kvarter
- Daikon, ett

INSTRUKTIONER:
a) Hetta upp olja i en stor kastrull över hög.
b) Koka vita och ljusgröna delar av salladslök, vitlök och ingefära, rör om ofta, tills de mjuknat och doftar, cirka tre minuter.
c) Tillsätt buljong och vispa sedan i sojasåsen.
d) Tillsätt daikon och låt sjuda försiktigt tills daikon är mjukt, femton minuter.
e) Tillsätt kimchi och tofu.
f) Sjud tills tofun är genomvärmd.
g) Dela försiktigt mellan skålarna.
h) Din soppa är redo att serveras.

25.Kimchi Och Blåmögelostcroissanter

INGREDIENSER:
- ½ portion Mother Deg, jäsad
- 105 g mjöl, för att pudra [¼ kopp]
- 1 portion Kimchi smör
- 200 g ädelost, smulad [7 ounces (1 kopp)]
- 1 ägg
- 4 g vatten [½ tesked]

INSTRUKTIONER:
a) Slå ner och platta ut degen på en slät, torr bänkskiva. Pudra bänken, degen och en kavel med mjöl och kavla ut degen till en rektangel ca 8 × 12 tum och jämn tjock.
b) Ta smörkladen ur kylen och lägg den på ena halvan av degrektangeln. Vik den andra halvan av degrektangeln över smörplattan och nyp ihop kanterna runt den.
c) Drapera med plastfolie och låt vila i 10 minuter i rumstemperatur.
d) För att göra croissanterna måste du lägga 3 "dubbla bok" varv i degen för att skapa tillräckligt med omväxlande lager av mjöl och smör för att få croissanterna att jäsa och svälla i ugnen.
e) För att göra din första dubbelbokvändning, pudra din bänkyta, din kavel och degen med mjöl, kom ihåg att pudra under degen också. Kavla ut degen igen till en rektangel 8 × 12 tum och jämn tjock.
f) Var försiktig med kaveln, se till att inte gå in i någon del av smörknippet eller rulla så hårt att smöret rullar direkt ur degen. Se till att det inte finns en överdriven mängd mjöl kvar på eller under din deg – damma av överflödigt med händerna.
g) Dela din deg visuellt på längden i fjärdedelar. Vik de två yttre delarna över till mittaxeln, eller ryggraden, av degrektangeln så att de möts i mitten. Stäng sedan boken och för den ena kanten att möta den andra med ryggraden nu åt sidan. Slå in den löst i plast och ställ in den i kylen i 30 minuter.
h) Upprepa steg 2 och 3 två gånger till för att göra totalt 3 varv, varje gång du börjar ett varv, se till att de öppna kanterna, eller sömmen, på din deg är vänd bort från dig. Ibland skriver vi 1, 2 eller 3 på plasten vi använder för att slå in degen när vi lägger varven i den så att vi inte tappar räkningen. Om du lägger i ett för många

varv skadar det inte din deg; om du hoppar över en, kommer du att bli väldigt besviken på dina mjuka croissanter.

i) För din sista och sista utrullning, pudra din bänkyta, din kavel och din deg med mjöl, kom ihåg att pudra under degen också. Kavla ut degen till en rektangel som är 8 × 12 tum och jämn tjock.

j) Med en skalkniv eller en pizzaskärare skär du degen i 5 trianglar, var och en 8 tum lång från den spetsigaste spetsen till mitten av sidan tvärs över den och 4 tum bred i botten.

k) Dela ädelosten bland gifflarna, lägg den i mitten av den breda nedre delen av varje triangel. Börja vid ädeloständen, använd ena handen för att börja rulla degen mot spetsen av triangeln medan din andra hand håller spetsen och försiktigt sträcker bort den.

l) Fortsätt tills triangeln är helt upprullad till en halvmåneform. Se till att spetsen på triangeln är instoppad under halvmånen, annars kommer den att rivas upp i ugnen. Rulla ihop resterna till kimchi-croissantknutar eller gör smågrisar i filtar!

m) Överför croissanterna till en bakplåtspappersklädd plåt, ordna dem 6 tum från varandra. Täck lätt med plast och låt stå i rumstemperatur till dubbel storlek, ca 45 minuter.

n) Värm ugnen till 375°F.

o) Vispa ihop ägget och vattnet i en liten skål. Belägg generöst toppen av dina croissanter med äggtvätt, med en borste.

p) Grädda gifflarna i 20 till 25 minuter, eller tills de fördubblas i storlek, karamelliseras på kanterna och har ett knaprigt yttre lager som låter ihåligt när du knackar på dem. De är mördare utanför ugnen och läckra vid rumstemperatur.

26. Kimchi nudelsallad

INGREDIENSER:
- 1 pund bruna risnudlar, kokta, avrunna och sköljda tills de svalnat
- 2½ dl hackad kålkimchi
- 3 till 4 matskedar gochujang
- 1 kopp mung böngroddar
- 4 salladslökar (vita och gröna delar), tunt skivade
- 1 medelstor gurka, halverad, kärnad och tunt skivad
- 2 msk sesamfrön, rostade

INSTRUKTIONER:
a) Lägg risnudlarna, kimchi, gochujang och mungböngroddarna i en stor skål och blanda väl.
b) För att servera, dela blandningen mellan fyra individuella tallrikar och garnera var och en med salladslöken, gurkskivorna och sesamfrön.

27.Lax Och Kimchi Med Mayo Poke

INGREDIENSER:
- 2 tsk. Soja sås
- 1 tsk. riven färsk ingefära
- 1/2 tsk. finhackad vitlök
- 1 pund lax, skuren i 3/4-tums bitar
- 1 tsk. rostad sesamolja
- 1/2 c. hackad kimchi
- 1/2 c. tunt skivad salladslök (endast gröna delar)
- Salt att smaka

INSTRUKTIONER:
a) I en liten skål, kombinera sojasås, ingefära och vitlök. Rör om och låt ingefäran och vitlöken sitta i cirka 5 minuter för att mjukna.
b) I en medelstor skål, släng laxen med sesamoljan tills den är jämnt belagd - detta kommer att förhindra att surheten i kimchien "kokar" fisken. Tillsätt kimchi, salladslök och sojasåsblandningen.
c) Vik försiktigt tills det är ordentligt blandat. Smaka av och tillsätt salt efter behov; om din kimchi redan är väl kryddad kanske du inte behöver något salt.
d) Servera omedelbart, eller täck ordentligt och ställ i kylen i upp till ett dygn. Om du låter poken marinera, smaka av den igen precis innan servering; du kan behöva krydda den med en nypa salt.

28.Kimchi Lax Poke

INGREDIENSER:
- 2 tsk. Soja sås
- 1 tsk. riven färsk ingefära
- 1/2 tsk. finhackad vitlök
- 1 pund lax, skuren i 3/4-tums bitar
- 1 tsk. rostad sesamolja
- 1/2 c. hackad kimchi
- 1/2 c. tunt skivad salladslök (endast gröna delar)
- Salt att smaka

INSTRUKTIONER:

a) I en liten skål, kombinera sojasås, riven färsk ingefära och hackad vitlök. Rör om och låt ingefäran och vitlöken sitta i cirka 5 minuter för att mjukna.

b) I en medelstor skål, släng laxen med rostad sesamolja tills den är jämnt belagd. Detta förhindrar att surheten i kimchien "kokar" fisken.

c) Tillsätt hackad kimchi, tunt skivad salladslök och sojasåsblandningen i skålen med lax. Vik försiktigt tills det är ordentligt blandat.

d) Smaka av poken och tillsätt salt efter behov. Om kimchi redan är välkryddad behöver du kanske inte mer salt.

e) Servera omedelbart, eller täck ordentligt och ställ i kylen i upp till ett dygn. Om du marinerar, smaka av igen precis innan servering och justera salt om det behövs.

29.Koreansk Bbq Pork Poke Bowl

INGREDIENSER:
- 1 pund fläskrumpa, tunt skivad
- 1/4 kopp sojasås
- 2 matskedar gochujang (koreansk röd paprikapasta)
- 1 msk sesamolja
- 1 msk farinsocker
- 1 kopp kimchi
- 1 gurka, skivad
- 2 koppar kokt kortkornigt ris
- Sesamfrön till garnering

INSTRUKTIONER:
a) Vispa ihop sojasås, gochujang, sesamolja och farinsocker för att skapa marinaden.
b) Marinera tunt skivad fläskrumpa i blandningen i minst 30 minuter.
c) Koka det marinerade fläsket i en het stekpanna tills det fått färg och genomstekt.
d) Sätt ihop skålar med kortkornigt ris som bas.
e) Toppa med koreanskt BBQ-fläsk, kimchi, skivad gurka och strö över sesamfrön.

30.Probiotiska vårrullar

INGREDIENSER:
FÖR VÅRRULLAR:
- 8-10 rispappersomslag
- 2 koppar blandade färska grönsaker (t.ex. sallad, gurka, morot, paprika), i julien
- 1 kopp färska örter (t.ex. mynta, koriander, basilika)
- 1 dl kimchi eller surkål, avrunnen och hackad
- 1 kopp kokt protein (t.ex. kokta räkor, tofu eller strimlad kyckling) (valfritt)
- Ris vermicelli nudlar, kokta och kylda (valfritt)

FÖR DIPPINGSSÅSEN:
- ¼ kopp sojasås eller tamari (för ett glutenfritt alternativ)
- 2 msk risvinäger
- 1 msk honung eller lönnsirap
- 1 vitlöksklyfta, finhackad
- ½ tesked riven färsk ingefära
- En nypa röda paprikaflingor (valfritt, för värme)
- Sesamfrön eller hackade jordnötter för garnering (valfritt)

INSTRUKTIONER:
a) Julienne de blandade färska grönsakerna, hacka örterna och låt rinna av och hacka kimchi eller surkål. Om du använder protein (räkor, tofu eller kyckling), ha det tillagat och klart. Koka risvermicelli nudlarna om så önskas och låt dem svalna.
b) Fyll en stor grund skål med varmt vatten. Doppa ett omslag av rispapper i det varma vattnet i cirka 10-15 sekunder eller tills det blir böjligt.
c) Lägg det mjukade rispappersomslaget på en ren, plan yta.
d) Börja med att lägga till en liten näve blandade färska grönsaker och örter i mitten av omslaget.
e) Om du använder protein eller nudlar, lägg dem ovanpå grönsakerna.
f) Häll en eller två matskedar hackad kimchi eller surkål över övriga ingredienser.
g) Vik sidorna av rispappersomslaget över fyllningen.
h) Börja rulla från botten, stoppa in fyllningen ordentligt allt eftersom.
i) Rulla tills vårrullen är förseglad och sömmen är på botten.
j) Fortsätt göra vårrullar med resterande ingredienser.
k) I en liten skål, vispa ihop sojasås eller tamari, risvinäger, honung eller lönnsirap, hackad vitlök, riven ingefära och rödpepparflingor om du vill ha lite värme.
l) Servera de probiotiska vårrullarna med dipsåsen vid sidan av.
m) Garnera med sesamfrön eller hackade jordnötter om så önskas.

31.Kimchi Ramen

INGREDIENSER:
- 8 dl vatten
- 4 förpackningar ramennudlar (kassera kryddpaketen)
- 2 dl kimchi, hackad
- 4 dl grönsaks- eller svampbuljong
- 1 dl skivad shiitakesvamp
- 1 dl babyspenat
- 2 salladslökar, skivade
- 2 msk sojasås (eller tamari för ett glutenfritt alternativ)
- 2 msk sesamolja
- 2 tsk risvinäger
- 1 tsk riven ingefära
- 1 tsk finhackad vitlök
- ½ tsk röd paprikaflingor (anpassa efter dina kryddpreferenser)
- Mjukkokta eller stekta ägg för garnering (valfritt)

INSTRUKTIONER:
a) Koka upp 8 koppar vatten i en stor gryta. Tillsätt ramennudlarna och koka enligt anvisningarna på förpackningen tills de är al dente. Häll av och ställ åt sidan.
b) I samma gryta, kombinera hackad kimchi, grönsaks- eller svampbuljong, skivad shiitakesvamp, babyspenat och salladslök. Låt blandningen koka upp.
c) I en liten skål, vispa ihop sojasås, sesamolja, risvinäger, riven ingefära, hackad vitlök och rödpepparflingor för att skapa kimchi ramen-krydda.
d) Häll kryddningen i den sjudande buljongen och rör om. Sjud i ytterligare 5 minuter så att smakerna smälter samman.
e) Fördela de kokta ramennudlarna mellan fyra serveringsskålar.
f) Häll kimchi-rambuljongen över nudlarna.
g) Om så önskas, toppa varje skål med ett mjukkokt eller stekt ägg för tillsatt protein.
h) Servera din Kimchi Ramen som en smakrik och probiotikarik komfortmat.

32. Fermenterad grönsaksgryta

INGREDIENSER:
- 2 koppar blandade fermenterade grönsaker (t.ex. surkål, kimchi, pickles)
- 1 lök, hackad
- 2 morötter, tärnade
- 2 stjälkselleri, tärnade
- 2 vitlöksklyftor, hackade
- 6 dl grönsaksbuljong
- 1 burk (14 oz) tärnade tomater
- 1 kopp kokta bönor (t.ex. kidneybönor, svarta bönor)
- 1 tsk torkad timjan
- Salta och peppra efter smak
- Färska örter för garnering (t.ex. persilja, dill)

INSTRUKTIONER:
a) Värm lite olja på medelvärme i en stor soppgryta. Tillsätt hackad lök, tärnade morötter och tärnad selleri. Fräs tills grönsakerna börjar mjukna, ca 5 minuter.
b) Rör ner den hackade vitlöken och fräs ytterligare en minut tills den doftar.
c) Tillsätt de blandade fermenterade grönsakerna, grönsaksbuljongen, tärnade tomater (med saften), kokta bönorna och torkad timjan i grytan. Låt blandningen koka upp.
d) Sänk värmen till låg, täck över och låt sjuda i cirka 20-25 minuter så att smakerna smälter.
e) Krydda grytan med salt och peppar efter smak.
f) Garnera med färska örter innan servering.

33. Quinoa och Kimchi sallad

INGREDIENSER:
- 1 dl quinoa, kokt och kyld
- 1 dl kimchi, hackad
- ½ kopp gurka, tärnad
- ½ kopp röd paprika, tärnad
- 2 salladslökar, skivade
- 2 msk sojasås (eller tamari för ett glutenfritt alternativ)
- 1 msk sesamolja
- 1 msk risvinäger
- 1 tsk honung eller lönnsirap
- Sesamfrön och hackad koriander till garnering (valfritt)

INSTRUKTIONER:

a) I en stor mixerskål, kombinera den kokta och kylda quinoan, hackad kimchi, tärnad gurka, tärnad röd paprika och skivad salladslök.

b) I en separat skål, vispa ihop sojasås, sesamolja, risvinäger och honung (eller lönnsirap) för att skapa dressingen.

c) Häll dressingen över quinoa- och kimchiblandningen. Rör ihop allt tills det är väl blandat.

d) Täck salladen och låt stå i kylen i minst 30 minuter så att smakerna smälter samman.

e) Garnera med sesamfrön och hackad koriander innan servering.

34.Probiotisk Guacamole

INGREDIENSER:
- 3 mogna avokado, skalade och urkärnade
- ½ kopp vanlig grekisk yoghurt (eller mejerifritt alternativ)
- ½ kopp tärnade tomater
- ¼ kopp tärnad rödlök
- ¼ kopp hackad färsk koriander
- 1 vitloksklyfta, finhackad
- Saft av 1 lime
- Salta och peppra efter smak
- Valfritt: ½ kopp hackad kimchi för extra probiotisk godhet

INSTRUKTIONER:
a) Mosa de mogna avokadon i en bunke med en gaffel eller potatisstöt tills den är jämn eller till önskad nivå av tjocklek.
b) Tillsätt vanlig grekisk yoghurt, tärnade tomater, tärnad rödlök, hackad koriander, hackad vitlök och limejuice till den mosade avokadon.
c) Blanda allt tills det är väl blandat.
d) Om du vill lägga till en extra probiotisk kick, vänd ner den hackade kimchi.
e) Krydda din probiotiska guacamole med salt och peppar efter smak.
f) Servera med tortillachips, grönsaksstavar, eller som topping till tacos och burritos.

35.Kimchi sås

INGREDIENSER:
- 1 kopp koreanska chiliflakes
- ½ kopp vatten
- 4 matskedar vitlökspasta
- 2 tsk finhackad färsk ingefära
- 1 msk fint havssalt
- 2 msk agavesirap

INSTRUKTIONER:
a) Lägg alla ingredienser i en mixerskål. Använd en gummispatel och blanda till en slät pasta. Överför pastan till en glasburk med lock.
b) Håller sig i 2 månader i kylen om den försluts i en lufttät burk.

36.Kubbad Daikon Rädisa Kimchi

INGREDIENSER:
- 2 pund daikonrädisor (2 stora), skivade i 1-tums kuber
- 2 msk grovt havssalt
- ½ kopp Kimchisås
- 4 salladslökar, skivade i 1-tums längder
- 1 litet äpple, skalat, urkärnat och rivet

INSTRUKTIONER

a) Lägg daikontärningarna och valfria blad i en stor skål. Strö över havssaltet och ställ åt sidan i rumstemperatur i 2 timmar för att vissna.

b) Häll av eventuell vätska från daikonen och lägg tärningarna och bladen i en torr skål. Tillsätt Kimchisåsen. Ta på dig ett par handskar och gnid sedan för att täcka daikonen med Kimchi-såsen. Tillsätt salladslöken och äpplet och blanda väl.

c) Placera blandningen i en glasburk på 1 liter och stäng locket ordentligt. Låt stå en dag i rumstemperatur för att sylta. Kyl efter öppning.

d) Håller sig i 2 veckor i kylen.

37. Salta pannkakor

INGREDIENSER:
- 1-1/2 koppar skalade, gula mungbönor
- 1 kopp juice
- 1/4 kopp vatten
- 3/4 kopp hackad kimchi
- 1/2 kopp böngroddar
- 3 salladslökar skivade och skär i 3-tums bitar
- 1 msk finhackad vitlök
- 1 msk finhackad ingefära
- 1 msk fisksås
- 1 msk sesamolja
- Matlagningsolja

DIPPSÅS
- 1/2 kopp sojasås
- 1/4 kopp risvinäger
- 1 msk sesamolja
- 1/2 tsk gochucharu
- 1/4 tsk sesamfrön
- 1 hackad salladslök

INSTRUKTIONER:
a) Blötlägg mungbönorna i vatten över natten. Lägg bönor, kimchi, juice, vatten, vitlök, ingefära, fisksås och sesamolja i en mixer.
b) Pulsera ingredienserna tills de blandas till en smet. Blanda inte för mycket : smeten ska vara grov och lite grynig. Om den är för tjock, tillsätt lite mer vatten. Vänd smeten i en stor skål och blanda i kimchi, böngroddar och salladslök. Häll smeten i omgångar på en het, oljad stekpanna.
c) Stek på varje sida tills de fått färg och är krispiga. Lägg pannkakor på en pappershandduk för att absorbera överflödig olja. Ät med dipsåsen.

38.Bacon Och Kimchi Paella Med Kyckling

INGREDIENSER:
- 1 kopp arborioris (eller något kortkornigt ris som passar till paella)
- 2 benfria, skinnfria kycklingbröst, skurna i lagom stora bitar
- 4-6 skivor bacon, hackade
- 1 dl kimchi, hackad
- 1 lök, finhackad
- 2 vitlöksklyftor, hackade
- 1 röd paprika, skivad
- 1 dl frysta ärtor
- 1 tsk paprika
- ½ tsk rökt paprika (valfritt)
- ¼ tesked saffransträdar (valfritt)
- 2 dl kycklingbuljong
- ½ dl vitt vin
- Salt och svartpeppar efter smak
- 2 matskedar olivolja
- Hackad färsk persilja till garnering

INSTRUKTIONER:

a) Börja med att blötlägga saffranstrådarna i 2 msk varmt vatten och ställ åt sidan. Detta kommer att hjälpa till att frigöra dess smak och färg.
b) Värm olivoljan på medelhög värme i en stor plattbottnad panna eller paellapanna. Tillsätt det hackade baconet och koka tills det blir knaprigt. Ta bort baconet från pannan och ställ det åt sidan, lämna baconfettet kvar i pannan.
c) Krydda kycklingbitarna med salt, svartpeppar och paprika. Lägg till kycklingen i samma panna och koka tills den fått färg och genomstekt. Ta ut kycklingen från pannan och ställ den åt sidan.
d) Tillsätt hackad lök, vitlök och skivad röd paprika i samma kastrull. Fräs dem tills löken blir genomskinlig och paprikan mjuknar.
e) Tillsätt arborioriset i pannan och rör om i ett par minuter för att rosta riset något.
f) Häll i det vita vinet och koka tills det mestadels absorberats av riset.
g) Tillsätt hackad kimchi och kokt bacon i pannan och blanda allt.
h) Tillsätt saffranstrådarna tillsammans med blötläggningsvätskan, rökt paprika (om du använder det) och 1 kopp kycklingbuljong. Blanda väl.
i) Fortsätt att koka paellan på medelvärme, tillsätt mer kycklingbuljong efter behov och rör om då och då. Riset ska absorbera vätskan och bli krämigt, samtidigt som det behåller ett litet bett (al dente). Detta bör ta cirka 15-20 minuter.
j) Under de sista minuterna av tillagningen lägger du tillbaka de frysta ärtorna och den kokta kycklingen i pannan. Rör om tills ärtorna är genomvärmda.
k) Smaka av paellan och justera kryddningen med salt och svartpeppar efter behov.
l) När riset är färdigkokt och vätskan till största delen har absorberats, ta bort paellan från värmen och låt den vila i några minuter innan servering.
m) Garnera med hackad färsk persilja och servera din Bacon och Kimchi Paella med kyckling varm.

39.Koreanskt nötkött Och Kimchi Grillad Ost

INGREDIENSER:
- 8 uns kokt koreanskt nötkött (bulgogi), tunt skivat
- 4 skivor provoloneost
- ½ kopp kimchi, avrunnen och hackad
- 4 skivor bröd
- Smör att breda ut

INSTRUKTIONER:
a) Smör ena sidan av varje brödskiva.
b) Lägg en skiva provoloneost på den osmörta sidan av en brödskiva.
c) Toppa med ett lager kokt koreanskt nötkött.
d) Bred ut ett lager hackad kimchi ovanpå köttet.
e) Täck med ytterligare en skiva provoloneost och ytterligare en brödskiva (smörsidan uppåt).
f) Upprepa för de återstående brödskivorna och fyllningen.
g) Värm en stekpanna på medelvärme och lägg smörgåsarna på den.
h) Koka tills brödet är gyllenbrunt och osten smält, vänd halvvägs igenom.
i) Ta av från värmen, skär i hälften och servera varm.

40.Koreansk brisket och Kimchi-burgare

INGREDIENSER:
- 500 g oxbringa, hackad
- 125 g fläck, skalet borttaget, malet
- ⅓ kopp (80 ml) lätt sojasås
- Solrosolja, för borstning
- 6 vårlökar, mörkgrön del tunt skivad, blek del halverad
- 2 gröna paprika, i fjärdedelar på längden
- 6 briocheburgerbullar, delade, penslade med olja, beströdda med svarta sesamfrön
- Kewpie-majonnäs och gochujang (koreansk chilipasta), att servera

FÖR SNABB KIMCHI:
- ¼ kopp (55 g) salt
- ⅓ kinakål (wombok), skivad
- 4 vitlöksklyftor, krossade
- ¼ kopp (55 g) strösocker
- 2 msk fisksås
- 1 msk torkade chiliflakes

INSTRUKTIONER:
a) Kombinera den malda bringan, den hackade fläcken och 2 matskedar sojasås. Forma blandningen till 6 biffar och platta till dem. Pensla biffarna med de återstående 2 msk sojasås. Kyl dem i 30 minuter.
b) I en skål, kombinera saltet, skivad kinakål och 2 koppar (500 ml) varmt vatten. Täck över och ställ åt sidan i 15 minuter. Skölj och låt rinna av kålen. Rör ner den skivade mörka vårlöken och resterande kimchiingredienser.
c) Värm en chargrillpanna på hög värme och pensla den med olja. Koka paprikan och halverad blek vårlök i 2-3 minuter eller tills de blivit mjuka. Ta bort dem och ställ dem åt sidan.
d) Pensla grillpannan med lite mer olja. Koka biffarna i 2 minuter på varje sida. Sänk värmen till medel och stek ytterligare 3 minuter på varje sida eller tills de är förkolnade och genomstekta.

SAMLA BURGARE:
e) Bred bullbottnarna med majonnäs. Toppa dem med paprika, biffar, chilipasta, vårlök, kimchi och bullock. Servera din läckra koreanska brisket och Kimchi-burgare!
f) Njut av den unika fusionen av smaker i denna hamburgare!

41.Soy Curl Kimchee Vårrullar

INGREDIENSER:
- 1 kopp Soy Curl Fries eller veganska frysta kycklingstrimlor
- 1 liten morot
- 4 färska basilikablad
- 1/2 kopp hemgjord eller köpt vegansk kimchee
- 4 (6 till 8 1/2-tum) rispappersark
- 2 till 3 spritsar rapsolja

INSTRUKTIONER:
a) Förbered Soy Curl Fries. Om du använder veganska kycklingstrimlor, tina dem och skär dem på mitten på längden.
b) Skär moroten i tändstickor och dela tändstickorna i fyra.
c) Doppa 1 ark rispapper i varmt vatten i 5 sekunder eller tills det är fuktat. Lägg det fuktiga rispappret på en arbetsyta och låt sitta i 30 sekunder eller tills det är böjligt. Lägg 1 basilikablad på rispappret. Tillsätt en fjärdedel av morotständstickorna, 2 msk kimchee och 1/4 kopp soycurl frites.
d) Rulla rispappret genom att dra bort kanten från skärbrädan. Rulla över fyllningen samtidigt som du drar ihop och stoppar in fyllningen under omslaget, rulla tills du kommer till slutet av papperet. Upprepa denna process tills du har skapat 4 vårrullar.
e) Spraya 1 till 2 spritsar rapsolja på airfryer-korgen. Lägg vårrullarna i airfryer-korgen och spritsa toppen av rullarna med de återstående 1 till 2 spritsarna olja. Koka i 400°F i 6 minuter, skaka halvvägs genom tillagningstiden.

42. Enpott Kimchi Ramen

INGREDIENSER:
- 8 uns fläsk mage (skinnfri), skivad

FÖR FLÄSKSMARINADEN:
- 3 vitlöksklyftor, hackade
- 1 msk färsk ingefära, malet
- 1 msk sherry
- 1 msk sojasås

FÖR KIMCHI RAMEN:
- 4 mjukkokta ägg, halverade
- ½ medelstor lök, tunt skivad
- 1 dl shiitakesvamp, skivad
- Ett halvt block fast tofu, skivad
- 4 uns enokisvampar
- 4 st baby bok choy, halverade
- 1 kopp kimchi, ordentligt packad
- ½ kopp kimchijuice
- 4 koppar kycklingbensbuljong (2 kartonger)
- 2 msk kryddig röd paprikapasta
- 1 msk koreansk röd paprikapulver
- 2 paket ramen
- Hackad salladslök till garnering

INSTRUKTIONER:
a) Blanda alla ingredienserna till fläskmarinaden i en medelstor skål.
b) Skär fläskskivorna i 2-tums långa bitar. Tillsätt fläsket i marinaden. Rör om väl och ställ åt sidan.
c) Koka upp 2 dl vatten i en liten kastrull. Lägg försiktigt ner äggen i det kokande vattnet. Låt dem koka i 5 minuter. Skopa ägg från kastrullen och lägg i kallt vatten.
d) Skiva under tiden lök, shiitakesvamp och tofu; rensa enoki - svampar och hacka av ändarna; tvätta baby bok choy och skär dem på mitten. Ställ alla beredda ingredienser åt sidan.
e) Koka marinerad fläskbuk på medelhög värme i en medelstor kastrull i cirka 2 minuter, rör ofta.
f) Tillsätt lök och kimchi. Stek tills det doftar, ca 2 minuter.
g) Tillsätt kimchijuice, buljong, röd paprikapasta, rödpepparpulver och låt koka upp.
h) När basen för buljongsoppan kokar, tillsätt ramen och shiitakesvampar. Låt det koka i 3 minuter.
i) Tillsätt tofu, enokisvamp och bok choy och koka i 2 minuter eller tills ramen är mjuk. Stäng av värmen.
j) Skala äggen och skär i hälften.
k) Andela kimchi-ramen och servera med halverade ägg. Garnera med hackad salladslök.

43.Kimchi Fried Rice

INGREDIENSER:
- 2 koppar kokt brunt ris
- 1 dl kimchi, hackad
- 1 morot, fint tärnad
- 1 dl spenat, hackad
- 2 msk sojasås
- 1 msk sesamolja
- 1 salladslök, skivad

INSTRUKTIONER:
a) Fräs morötter i en panna tills de är mjuka. Tillsätt spenat och koka tills det vissnat.
b) Tillsätt kimchi i pannan och fräs i 2 minuter.
c) Tillsätt kokt ris, sojasås och sesamolja. Rör om väl för att kombinera.
d) Garnera med skivad salladslök och servera varm.

44.Kimchi Slaw

INGREDIENSER:
- 2 dl strimlad napakål
- 1 kopp strimlade morötter
- 1/2 kopp kimchi, hackad
- 2 msk risvinäger
- 1 msk sesamolja
- 1 msk honung
- Sesamfrön till garnering

INSTRUKTIONER:
a) I en stor skål, kombinera strimlad kål, morötter och kimchi.
b) I en separat skål, vispa ihop risvinäger, sesamolja och honung. Häll över slaw och blanda ihop.
c) Garnera med sesamfrön före servering.

45. Kimchi Quesadillas

INGREDIENSER:
- Mjöl tortillas
- 1 dl kimchi, hackad
- 1 dl riven cheddarost
- 1/2 kopp kokt och strimlad kyckling (valfritt)
- 2 msk gräddfil (till servering)

INSTRUKTIONER:
a) Lägg en tortilla på en uppvärmd stekpanna.
b) Strö ett lager cheddarost, tillsätt hackad kimchi och kyckling (om du använder). Toppa med ytterligare ett lager ost och lägg ytterligare en tortilla ovanpå.
c) Koka tills osten smält och tortillorna är gyllenbruna på båda sidor.
d) Skär i klyftor och servera med en klick gräddfil.

46.Kimchi Avokado Toast

INGREDIENSER:
- 4 skivor fullkornsbröd
- 1 mogen avokado, mosad
- 1 dl kimchi, avrunnen och hackad
- Sesamfrön till garnering
- Rödpepparflingor (valfritt)

INSTRUKTIONER:
a) Rosta brödskivorna efter eget tycke.
b) Fördela mosad avokado jämnt över varje skiva.
c) Toppa med hackad kimchi och strö över sesamfrön (och röda paprikaflingor om du gillar lite värme).

47. Kimchi Tofu Wokning

INGREDIENSER:
- 1 block fast tofu, i tärningar
- 1 dl kimchi, hackad
- 1 kopp broccolibuktor
- 1 paprika, skivad
- 2 msk sojasås
- 1 msk sesamolja
- 1 msk honung
- Kokt ris till servering

INSTRUKTIONER:
a) Fräs tofun i en panna tills den är gyllenbrun. Tillsätt broccoli och paprika.
b) Rör ner hackad kimchi och koka i ytterligare 2-3 minuter.
c) Blanda sojasås, sesamolja och honung i en liten skål. Häll över tofun och grönsaksblandningen.
d) Servera över kokt ris.

48.Kimchi Hummus

INGREDIENSER:
- 1 burk (15 oz) kikärter, avrunna och sköljda
- 1/2 kopp kimchi, hackad
- 2 matskedar tahini
- 2 vitlöksklyftor
- 3 matskedar olivolja
- Saften av 1 citron
- Salta och peppra efter smak

INSTRUKTIONER:
a) I en matberedare, kombinera kikärter, kimchi, tahini, vitlök, olivolja och citronsaft.
b) Mixa tills det är slätt, skrapa ner sidorna efter behov.
c) Krydda med salt och peppar efter smak. Servera med pitabröd eller grönsaksstavar.

49.Kimchi Sushi Rolls

INGREDIENSER:
- Nori lakan
- Kokt sushiris
- 1 dl kimchi, hackad
- Skivad avokado
- Skivad gurka
- Sojasås till doppning

INSTRUKTIONER:
a) Lägg ett ark nori på en sushimatta av bambu.
b) Bred ett lager sushiris över nori , lämna en liten kant längst upp.
c) Lägg till en rad hackad kimchi, skivad avokado och gurka.
d) Rulla sushin hårt och skär i lagom stora bitar. Servera med sojasås.

50.Kimchi Deviled Eggs

INGREDIENSER:
- 6 hårdkokta ägg, skalade och halverade
- 1/4 kopp kimchi, finhackad
- 2 msk majonnäs
- 1 tsk dijonsenap
- Salta och peppra efter smak
- Paprika till garnering

INSTRUKTIONER:
a) Ta bort äggulorna och mosa dem i en skål.
b) Blanda i hackad kimchi, majonnäs, dijonsenap, salt och peppar.
c) Häll tillbaka blandningen i äggvitehalvorna.
d) Strö över paprika och ställ i kylen innan servering.

51.Kimchi Caesar sallad

INGREDIENSER:
- Romainesallat, hackad
- 1 dl kimchi, hackad
- Krutonger
- Rakad parmesanost
- Caesar dressing

INSTRUKTIONER:
a) Kombinera hackad romansallat och kimchi i en stor skål.
b) Tillsätt krutonger och rakad parmesanost.
c) Blanda med din favorit Caesardressing och servera omedelbart.

52.Kimchi Guacamole

INGREDIENSER:
- 3 mogna avokado, mosade
- 1 dl kimchi, hackad
- 1/4 kopp rödlök, fint tärnad
- 1 lime, saftad
- Salta och peppra efter smak
- Tortillachips till servering

INSTRUKTIONER:
a) Mosa avokadon i en skål.
b) Tillsätt hackad kimchi, rödlök, limejuice, salt och peppar. Blanda väl.
c) Servera kimchi-guacamole med tortillachips.

53. Kimchi Pancakes/ Kimchijeon

INGREDIENSER:

- 500 g (1 lb 2 oz) kinakål kimchi
- 2 tsk gochugaru Chili pulver
- 2 msk jäst ansjovissås
- 650 g (1 lb 7 oz) koreansk pannkakssmet
- Neutral vegetabilisk olja

INSTRUKTIONER:

a) Skär kimchi i små bitar med sax och lägg i en skål utan att rinna av saften. Tillsätt gochugaru chilipulver och fermenterad ansjovissås. Tillsätt pannkakssmeten och blanda väl.

b) Belägg en stekpanna generöst med vegetabilisk olja och värm över hög värme. Bred ut ett tunt lager kimchismet i botten av pannan. Använd en spatel och lyft upp smeten från botten av pannan omedelbart för att förhindra att den fastnar. Så fort kanterna börjar få färg och ytan stelnar något, vänd pannkakan.

c) Koka den andra sidan på hög värme i ytterligare 4 minuter. Upprepa för varje pannkaka.

d) Njut med koreansk pannkakssås eller löksocker .

54.Kinesisk Kålsallad Med Kimchisås

INGREDIENSER:
- 600 g (1 lb 5 oz) kinakål
- 50 g (1¾ oz) grovt havssalt
- 1 liter (4 koppar) vatten
- 4 stjälkar av vitlök (eller 2 stjälkar av vårlök/salladslök, utan glödlampa)
- 1 morot
- 1 matsked socker
- 50 g (1¾ oz) kryddig marinad
- 2 msk jäst ansjovissås
- ½ msk sesamfrön
- Havssalt

INSTRUKTIONER:
a) Skär kinakålen i stora lagom stora bitar. Lös upp saltet i vattnet och sänk ner kålen. Låt vila i 1½ timme.
b) Skär gräslöken i 5 cm (2 tum) bitar. Riv moroten.
c) Låt kålen rinna av. Skölj den tre gånger i rad och låt den sedan rinna av i 30 minuter.
d) Blanda det med socker, kryddig marinad, jäst ansjovissås, morot och gräslök.
e) Justera kryddningen med havssalt. Strö över sesamfrön.

PICKAD KÅL

55.Klassisk inlagd kål

INGREDIENSER:
- 1 medelstor vitkål, tunt skivad
- 1 kopp vit vinäger
- 1 kopp vatten
- 1/4 kopp socker
- 1 matsked salt
- 1 tsk senapsfrön
- 1 tsk sellerifrön
- 1 tsk gurkmeja

INSTRUKTIONER:
a) I en kastrull, kombinera vatten, vinäger, socker, salt, senapsfrön, sellerifrön och gurkmeja.
b) Koka upp blandningen, rör om tills sockret och saltet lösts upp.
c) Lägg den tunt skivade kålen i en stor skål.
d) Häll den varma saltlaken över kålen och se till att den är helt nedsänkt.
e) Låt den inlagda kålen svalna till rumstemperatur innan du överför den till en steriliserad burk.
f) Kyl i minst 24 timmar innan servering.

56.Piccalilli

INGREDIENSER:
- 6 dl hackade gröna tomater
- 1 1/2 koppar grön paprika , hackad
- 7 1/2 dl hackad kål
- 1/2 kopp inläggningssalt
- 1 1/2 dl söt röd paprika , hackad
- 2 1/4 dl hackad lök
- 3 msk hel blandad inläggningskrydda
- 4 1/2 koppar 5% vinäger
- 3 koppar farinsocker

INSTRUKTIONER:
a) Kasta grönsaker med 1/2 kopp salt.
b) Täck med varmt vatten och låt stå i 12 timmar. Dränera .
c) Bind kryddor i en kryddpåse och lägg i kombinerad vinäger och socker och värm till en koka.
d) Tillsätt grönsaker och koka försiktigt i 30 minuter; ta bort kryddpåsen.
e) Fyll varma sterila burkar med het blandning, lämna 1/2-tums utrymme .
f) Släpp luftbubblor.
g) Stäng burkarna tätt och värm sedan i 5 minuter i ett vattenbad.

57. Grundläggande surkål

INGREDIENSER:
- 25 lbs. Kål , sköljd och strimlad
- 3/4 kopp inläggningssalt

INSTRUKTIONER:
a) Lägg kål i en behållare och tillsätt 3 matskedar salt.
b) Blanda med rena händer.
c) Packa tills saltet drar saft från kålen.
d) Lägg till tallrik och vikter; täck behållaren med en ren badhandduk.
e) Förvara vid 70° till 75°F i 3 till 4 veckor .

58. Kryddig asiatisk inlagd kål

INGREDIENSER:
- 1 liten vitkål, strimlad
- 1 kopp risvinäger
- 1/2 kopp sojasås
- 2 matskedar socker
- 2 vitlöksklyftor, hackade
- 1 msk ingefära, riven
- 1 tsk röd paprikaflingor

INSTRUKTIONER:
a) Kombinera risvinäger, sojasås, socker, hackad vitlök, riven ingefära och rödpepparflingor i en skål.
b) Blanda väl tills sockret löst sig.
c) Lägg den strimlade kålen i en stor burk och häll vätskan över den.
d) Förslut burken och ställ i kylen i minst 2 timmar innan servering.

59.Äppelcidervinäger Inlagd kål

INGREDIENSER:
- 1 litet rödkålshuvud, tunt skivad
- 1 kopp äppelcidervinäger
- 1/2 kopp vatten
- 2 matskedar honung
- 1 matsked salt
- 1 tsk hela svartpepparkorn
- 2 lagerblad

INSTRUKTIONER:
a) I en kastrull, kombinera äppelcidervinäger, vatten, honung, salt, pepparkorn och lagerblad.
b) Låt blandningen sjuda under omrörning tills honungen och saltet lösts upp.
c) Lägg den skivade kålen i en stor skål och häll den varma saltlaken över den.
d) Låt den svalna och överför sedan den inlagda kålen till en burk och ställ i kylen i minst 4 timmar innan servering.

60.Dill Och Vitlök Inlagd Kål

INGREDIENSER:
- 1 medelstor grönkål, strimlad
- 1 1/2 dl vit vinäger
- 1 kopp vatten
- 3 matskedar socker
- 2 matskedar salt
- 3 vitlöksklyftor, krossade
- 2 msk färsk dill, hackad

INSTRUKTIONER:
a) I en kastrull, kombinera vit vinäger, vatten, socker, salt, pressad vitlök och hackad dill.
b) Värm blandningen tills sockret och saltet löser sig.
c) Lägg den strimlade kålen i en stor burk och häll den varma saltlaken över.
d) Låt den svalna och låt den stå i kylen i minst 12 timmar innan den njuter.

MATTAGNING MED KÅL

61.Rödkål Coleslaw

INGREDIENSER:
- ½ huvud rödkål, tunt skivad
- 2 morötter, rivna
- ½ kopp majonnäs
- 2 msk dijonsenap
- 2 msk äppelcidervinäger
- 1 msk honung
- Salta och peppra efter smak
- Hackad färsk persilja till garnering

INSTRUKTIONER:
a) I en stor skål, kombinera rödkål och rivna morötter.
b) I en separat skål, vispa ihop majonnäs, dijonsenap, äppelcidervinäger, honung, salt och peppar.
c) Häll dressingen över kålblandningen och rör om.
d) Garnera med hackad persilja innan servering.

62.Fijian Chicken Chop Suey

INGREDIENSER:
- 1 pund benfria, skinnfria kycklingbröst eller lår, tunt skivade
- 2 matskedar vegetabilisk olja
- 1 lök, skivad
- 2 vitlöksklyftor, hackade
- 1-tums bit färsk ingefära, riven
- 1 kopp skivad kål
- 1 kopp skivade morötter
- 1 kopp skivad paprika (röd, grön eller gul)
- 1 dl skivade broccolibuketter
- ¼ kopp sojasås
- 2 msk ostronsås
- 1 msk majsstärkelse, löst i 2 msk vatten
- Kokt vitt ris, till servering

INSTRUKTIONER:
a) Värm vegetabilisk olja på medelhög värme i en stor stekpanna eller wok.
b) Tillsätt den skivade kycklingen och fräs tills den är genomstekt och lätt brynt. Ta ut kycklingen från stekpannan och ställ den åt sidan.
c) I samma stekpanna, tillsätt lite mer olja om det behövs och fräs den skivade löken, hackad vitlök och riven ingefära tills den doftar och löken är genomskinlig.
d) Tillsätt den skivade kålen, morötterna, paprikan och broccolin i stekpannan. Fräs grönsakerna i några minuter tills de är möra-knasiga.
e) Lägg tillbaka den kokta kycklingen i stekpannan och blanda den med grönsakerna.
f) Blanda soja och ostron i en liten skål. Häll såsen över kycklingen och grönsakerna och blanda ihop allt tills det är väl täckt.
g) Rör ner majsstärkelseblandningen för att tjockna såsen något.
h) Servera Fijian Chicken Chop Suey över kokt vitt ris för en välsmakande och mättande måltid.

63.Vitkål Och Potatis

INGREDIENSER:

- 1 vitkål (ca 2 kg)
- 4 morötter (skalade)
- 3 vitlökar
- 1 grön paprika
- 6 stora potatisar (skalade)
- 3 vitlöksklyftor
- 2 teskedar vegetabilisk olja
- 3 teskedar salt
- 3 gröna chili

INSTRUKTIONER:

a) Tvätta och grovhacka kål, morötter, lök, grön paprika och potatis i bitar.
b) Skala och finhacka vitlöken.
c) Lägg kålen i en stor panna med lock på medelvärme.
d) Tillsätt en skvätt vatten efter 5 minuter för att förhindra att kålen fastnar i pannan.
e) Efter 10 minuter när kålen mjuknat lite tillsätt morötterna och rör ner oljan.
f) Tillsätt löken efter 10 minuter.
g) Tillsätt vitlöken efter 5 minuter.
h) Låt stå på låg värme på hällen i 10 minuter tills alla grönsaker är kokta och mjuka. Tillsätt chili och peppar. Blanda noggrant och koka i 5 minuter.
i) Rör ner saltet.

64. Green Veggie Tostadas

INGREDIENSER:
- 6 majstortillas (5 tum vardera)
- 2 matskedar extra virgin olivolja, delad
- 1 kopp tärnad zucchini
- 1 kopp tärnad sparris
- ½ kopp tärnad grön paprika
- ¼ kopp fryst majs
- 1 kopp strimlad vitkål
- 2 salladslökar, tärnade
- En näve koriander, grovt hackad
- Havssalt och svartpeppar
- Cashew gräddfil och beredd tomatillosalsa för servering

INSTRUKTIONER:
a) Värm din ugn till 400°F. Pensla majstortillorna med en matsked olivolja och strö över havssalt. Lägg ut dem på en plåt och grädda tills de blir krispiga, vilket vanligtvis tar cirka 10 minuter.
b) Värm den återstående matskeden olivolja i en stekpanna på medelhög värme. Tillsätt den tärnade zucchinin, sparrisen, paprikan och majsen i stekpannan. Fräs tills de mjuknar något, vilket bör ta ca 3 minuter. Tillsätt sedan den strimlade kålen i pannan och fräs i ytterligare 2 minuter. Krydda blandningen med salt och peppar efter smak och stäng av värmen.
c) Fördela de sauterade grönsakerna jämnt mellan de krispiga tortillorna. Strö dem med tärnad salladslök och grovhackad koriander. Ringla vardera med cashewgräddfil och tomatillosalsa.
d) Njut av din Green Veggie Tostadas!

65. Mangold Och Broccoli Juice

INGREDIENSER:
- 1 litet broccolihuvud, delat i buketter
- 1 liten huvud rödkål
- ½ tsk Maca -pulver
- 3 stora blad mangold, rivna i bitar

INSTRUKTIONER:
a) Bearbeta kålen och broccolin genom en juicepress.
b) Lägg resten av ingredienserna i din juicepress.
c) Blanda saften noggrant. Servera till sist saften över krossad is om du vill.

66.Rädiskålslaw

INGREDIENSER:
- 1 knippe rädisor, putsade och tunt skivade
- ½ liten rödkål, tunt skivad
- 1 morot, riven
- ¼ kopp majonnäs
- 1 msk äppelcidervinäger
- 1 tsk honung
- Salta och peppra efter smak

INSTRUKTIONER:
a) I en stor skål, kombinera rädisor, rödkål och morötter.
b) I en liten skål, vispa ihop majonnäs, äppelcidervinäger, honung, salt och peppar.
c) Häll dressingen över grönsakerna och rör tills det är väl täckt.
d) Kyl i minst 30 minuter innan servering.

67.Regnbågssallad Med Kål

INGREDIENSER:
- 5-ounce paket med smörhuvudssallat
- 5-ounce paket ruccola
- 5-ounce paket med kryddig mix Microgreens
- 1 tunt skivad lila rädisa
- 1/2 dl snapsärtor, tunt skivade
- 1 grön rädisa, tunt skivad
- 1/4 kopp rödkål, strimlad
- 2 schalottenlök, skurna i ringar
- 1 vattenmelonrädisa, tunt skivad
- 2 blodapelsiner, segmenterade
- 3 regnbågsmorötter, rakade till band
- 1/2 kopp blodapelsinjuice
- 1/2 kopp extra virgin olivolja
- 1 msk rödvinsvinäger
- 1 msk torkad oregano
- 1 msk honung
- Salta och peppra, efter smak
- för garnering ätbara blommor

INSTRUKTIONER:
a) Blanda olivolja, rödvinsvinäger och oregano i en behållare. Tillsätt schalottenlök och låt marinera i minst 2 timmar på bänken.
b) Ställ schalottenlöken åt sidan.
c) I en burk, vispa samman apelsinjuice, olivolja, honung och en touch av salt och peppar tills den är tjock och slät. Krydda med salt och peppar efter smak.
d) Kasta den kryddiga blandningen av mikrogröt, sallad och ruccola med cirka ¼ kopp av vinägretten i en mycket stor blandningsskål.
e) Kombinera morötter, ärtor, schalottenlök och apelsinsegment med hälften av rädisorna.
f) Montera allt och lägg till extra vinägrett och ätbara blommor för att avsluta.

68. Microgreens & snöärtssallad

INGREDIENSER:
VINÄGRETT
- 1 tsk lönnsirap
- 2 tsk limejuice
- 2 msk vit balsamvinäger
- 1 ½ dl tärnade jordgubbar
- 3 matskedar olivolja

SALLAD
- 2 rädisor, tunt skivade
- 6 uns av kål microgreens
- 12 snöärtor, tunt skivade
- Halverade jordgubbar, ätbara blommor och färska örtkvistar, till garnering

INSTRUKTIONER:
a) För att göra vinägretten, vispa ihop jordgubbar, vinäger och lönnsirap i en blandningsform. Sila av vätskan och tillsätt limejuice och olja.
b) Krydda med salt och peppar.
c) För att göra salladen, kombinera microgreens, snöärtor, rädisor, sparade jordgubbar och ¼ kopp vinägrett i en stor blandningsskål.
d) Lägg till halverade jordgubbar, ätbara blommor och färska örtkvistar som garnering.

69.Bittersöt granatäppelsallad

INGREDIENSER:
KLÄ PÅ SIG:
- 2 msk citronsaft
- ½ kopp blodapelsinjuice
- ¼ kopp lönnsirap

SALLAD:
- ½ kopp nyskuren kålmikrogrönt
- 1 liten radicchio, riven i lagom storlek
- ½ kopp lila kål, tunt skivad
- ¼ liten rödlök, finhackad
- 3 rädisor, skurna i tunna skivor
- 1 blodapelsin, skalad, urkärnad och segmenterad
- salt och peppar efter smak
- ⅓ kopp ricottaost
- ¼ kopp pinjenötter, rostade
- ¼ kopp granatäpplekärnor
- 1 msk olivolja

INSTRUKTIONER:
KLÄ PÅ SIG:
a) Sjud alla ingredienser till dressingen lätt i 20-25 minuter.
b) Låt svalna innan servering.

SALLAD:
c) Kombinera radicchio, kål, lök, rädisa och mikrogrönt i en mixerskål.
d) Blanda försiktigt med salt, peppar och olivolja.
e) Strö ut en liten sked ricottaost på ett serveringsfat.
f) Toppa med pinjenötter och granatäpplekärnor och ringla över blodapelsinsirapen.

70.Cool Salmon Lover's Sallad

INGREDIENSER:
- 1 pund Kokt kung eller coho lax; bruten i bitar
- 1 kopp Skivad selleri
- ½ kopp Grovt hackad kål
- 1¼ kopp Majonnäs eller salladsdressing; (till 1 ½)
- ½ kopp Söt saltgurka
- 1 matsked Förberedd pepparrot
- 1 matsked Finhackad lök
- ¼ tesked Salt
- 1 streck Peppar
- Salladsblad; romaineblad eller endive
- Skivade rädisor
- Dill-pickle skivor
- Frallor eller kex

INSTRUKTIONER:
a) Använd en stor blandningsskål och blanda försiktigt ihop lax, selleri och kål.
b) I en annan skål, rör ihop majonnäs eller salladsdressing, saltgurka, pepparrot, lök, salt och peppar. Tillsätt den till laxblandningen och rör om. Täck salladen och kyl till servering (upp till 24 timmar).
c) Klä en salladsskål med grönt. Skeda i laxblandningen. Toppa med rädisor och dillgurka. Servera salladen med frallor eller kex.

71.Rullar av svamprispapper

INGREDIENSER:
- 1 msk sesamolja
- 2 vitlöksklyftor, krossade
- 1 tsk riven ingefära
- 2 schalottenlök, fint tärnade
- 300 g knappsvamp, hackad
- 40g kinakål, finstrimlad
- 2 tsk lågsaltad sojasås
- 16 stora ark rispapper
- 1 knippe färsk koriander, blad plockade
- 2 medelstora morötter, skalade, fint skurna
- 1 dl böngroddar, putsade
- Extra lågsaltad sojasås, att servera

INSTRUKTIONER:
FÖRBERED SVAMPFYLLNING
a) Hetta upp sesamolja, pressad vitlök och riven ingefära i en stekpanna på låg värme i 1 minut.
b) Tillsätt fint tärnad schalottenlök, hackad knappsvamp och strimlad kinakål i pannan.
c) Öka värmen till medel och koka i 3 minuter eller tills ingredienserna är precis mjuka.
d) Överför den kokta blandningen till en skål, tillsätt lågsaltad sojasås och ställ den åt sidan för att svalna.

MJÖKA RISKAPPERSARKEN
e) Fyll en stor skål med varmt vatten.
f) Lägg 2 rispappersark åt gången i vattnet för att mjukna i cirka 30 sekunder. Se till att de blir mjuka men fortfarande fasta nog att hantera.

SAMLA RULLOR
g) Ta bort de mjukgjorda rispappersarken från vattnet och låt dem rinna av väl. Lägg dem på en planbräda.
h) Strö varje ark med färska korianderblad och lägg sedan ihop det med ett annat rispappersark.
i) Toppa det dubbellagrade rispappret med en matsked av svampblandningen, var noga med att rinna av överflödig fukt.
j) Tillsätt julienned morot och böngroddar ovanpå svampblandningen.
k) Vik in ändarna på rispappret och rulla ihop plåten ordentligt.
l) Lägg den förberedda rullen åt sidan och täck den med plast.
m) Upprepa processen med de återstående ingredienserna för att skapa fler rullar.
n) Servera svamprispappersrullarna omedelbart med extra lågsaltad sojasås för doppning.

72. Asiatisk Gnocchi-sallad

INGREDIENSER:
- 1 pund potatisgnocchi
- 1 kopp strimlad vitkål
- 1 dl morötter, finhackade
- ½ kopp edamamebönor, kokta
- ¼ kopp salladslök, hackad
- sesamfrön
- Sesam ingefära dressing
- Sojasås (valfritt)

INSTRUKTIONER:
a) Koka gnocchin enligt anvisningarna på förpackningen, låt rinna av och ställ åt sidan.
b) I en stor skål, kombinera den kokta gnocchin, strimlad vitkål, julienned morötter, kokta edamamebönor och hackad salladslök.
c) Ringla över sesam ingefäradressing och blanda försiktigt för att täcka alla ingredienser.
d) Strö sesamfrön över toppen.
e) Om så önskas, tillsätt en klick sojasås för extra smak.
f) Servera den asiatiska gnocchisalladen som ett levande och välsmakande alternativ.

73.Kåldumplings

INGREDIENSER:
- 1 förpackning dumplingomslag
- ½ pund malet fläsk
- ½ kopp napakål, finhackad
- ¼ kopp salladslök, finhackad
- 1 msk ingefära, finhackad
- 2 msk sojasås
- 1 msk sesamolja
- 1 tsk socker
- ½ tsk salt
- ¼ tesked svartpeppar

INSTRUKTIONER:
a) Kombinera det malda fläsket, Napa-kål, salladslök, ingefära, sojasås, sesamolja, socker, salt och svartpeppar i en mixerskål. Blanda väl tills alla ingredienser är jämnt blandade.
b) Ta ett dumplingomslag och lägg en sked av fläskfyllningen i mitten.
c) Doppa fingret i vatten och fukta kanterna på omslaget.
d) Vik omslaget på mitten och tryck ihop kanterna för att försegla, skapa en halvmåneform.
e) Upprepa processen med de återstående dumplingomslagen och fyllningen.
f) Koka upp en stor kastrull med vatten. Tillsätt dumplingsna i det kokande vattnet och koka i ca 5-7 minuter tills de flyter upp till ytan.
g) Låt dumplings rinna av och servera varma med sojasås eller din favoritdippsås.

74.Taiwanesiska stekta risnudlar

INGREDIENSER:
- 8 uns torkade risnudlar (mi fen)
- 2 matskedar vegetabilisk olja
- 2 vitlöksklyftor, hackade
- 1 kopp strimlad vitkål
- 1 kopp böngroddar
- ½ kopp skivade morötter
- ½ kopp skivad grön paprika
- 2 msk sojasås
- 1 msk ostronsås
- ½ tsk socker
- ¼ tesked vitpeppar
- Grön lök, hackad (för garnering)

INSTRUKTIONER:
a) Koka risnudlarna enligt anvisningarna på förpackningen. Häll av och ställ åt sidan.
b) Värm vegetabilisk olja i en stor wok eller stekpanna på medelhög värme.
c) Tillsätt den hackade vitlöken och fräs i ca 1 minut tills den doftar.
d) Tillsätt den strimlade kålen, böngroddar, skivade morötter och grön paprika i woken. Fräs ca 2-3 minuter tills grönsakerna är lite mjuka.
e) Skjut grönsakerna till ena sidan av woken och lägg de kokta risnudlarna på den tomma sidan.
f) Blanda sojasås, ostronsås, socker och vitpeppar i en liten skål. Häll denna sås över nudlarna.
g) Fräs allt tillsammans i ytterligare 2-3 minuter tills nudlarna är väl belagda med såsen och genomvärmda.
h) Garnera med hackad salladslök.
i) Servera Tsao Mi Kul varm som huvudrätt eller tillbehör.

75.Kål och Edamame Wraps

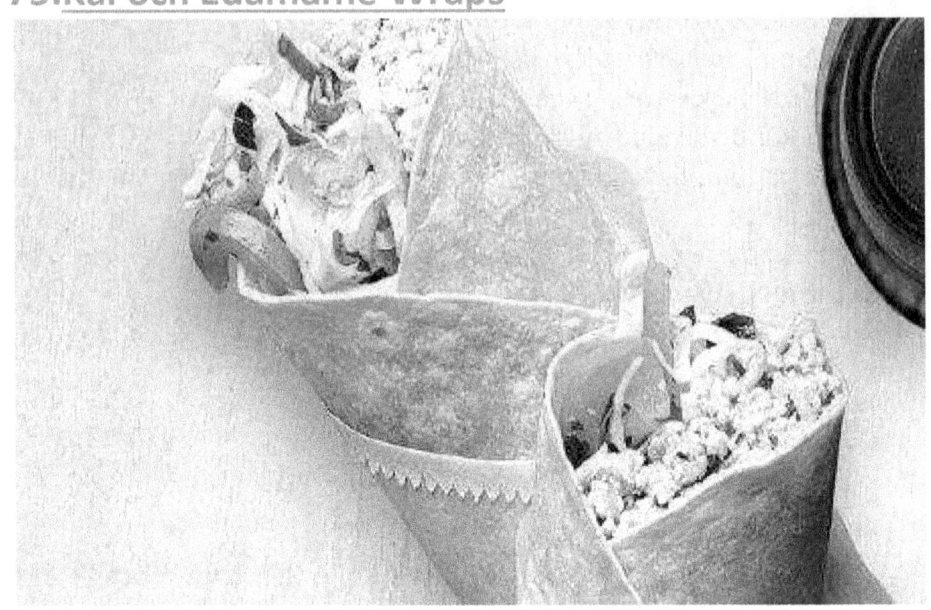

INGREDIENSER:
- 6 matskedar Edamame hummus
- 2 mjöltortillas
- ½ kopp strimlade morötter och vitkål
- 1 dl färsk babyspenat
- 6 skivor tomat
- 2 msk grön gudinna salladsdressing

INSTRUKTIONER:
a) Bred hummus över varje tortilla.
b) Varva med kål & morötter, spenat och tomat.
c) Ringla över dressing.
d) Rulla ihop hårt.
e) Värm i 2 minuter i mikrovågsugnen.

76.Äggstekt ris i en mugg

INGREDIENSER:
- 1 dl kokt jasminris
- 2 msk frysta ärtor
- 2 msk hackad röd paprika
- ½ stjälk salladslök, skivad
- 1 nypa mungbönskott
- 1 nypa strimlad lilakål
- 1 ägg
- 1 matsked sojasås med låg natriumhalt
- ½ tsk sesamolja
- ½ tesked lökpulver
- ¼ tesked femkryddspulver

INSTRUKTIONER:
a) Lägg riset i en mugg.
b) Lägg ärtorna, röd paprika, salladslöken, mungbönor och kål ovanpå.
c) Täck muggen med plastfilm.
d) Använd en kniv och stick hål genom filmen.
e) Mikrovågsugn på hög i 1 minut och 15 sekunder.
f) Vispa under tiden ägget och blanda i sojasås, sesamolja, lökpulver och femkryddspulver.
g) Häll äggblandningen i muggen och rör om med grönsakerna och riset
h) Täck muggen med matfilm igen och mikrovågsugn i 1 minut 15 sekunder till 1 minut 30 sekunder.
i) Ta ut muggen ur mikrovågsugnen och rör om ordentligt.
j) Låt det stekta riset stå i en minut för att koka klart.
k) Använd en gaffel för att fluffa upp riset och servera.

77.Kållasagne

INGREDIENSER:
- 2 pund nötfärs
- 1 lök; hackad
- 1 grön paprika; hackad
- 1 medelstor kålhuvud; strimlad
- 1 tsk oregano
- 1 tsk salt
- ⅛ tesked peppar
- 18 uns tomatpuré; ELLER
- Tomatpuré med italienska kryddor
- 8 uns Mozzarellaost; skivad

INSTRUKTIONER:
a) Fräs köttfärs, lök och grönpeppar tills köttet är brunt. Dränera väl.
b) Koka under tiden kålen mjuk, 2-5 minuter. Kombinera 2 koppar flytande kål med oregano, salt, peppar och tomatpuré.
c) Sjud eller mikrovågsugn i 5 minuter. Tillsätt kött-grönsaksblandningen. Sjud i 5 minuter till. Häll hälften av tomat-köttblandningen i en 13x9" panna. Lägg väl avrunnen kål på såsen och sedan resten av såsen. Toppa med skivad ost för att täcka.
d) Grädda vid 400 F i 25-40 minuter. Ost kan tillsättas under de sista 5-10 minuterna. Kan Mikrovågsugn en stund och avsluta sedan i ugnen, för att minska tillagningstiden.

78.Japansk kål Okonomiyaki

INGREDIENSER:
- 2 dl vitkål, fint strimlad
- 1 kopp universalmjöl
- ¾ kopp vatten
- 2 stora ägg
- ½ dl hackad salladslök
- ½ kopp hackad kokt bacon eller räkor (valfritt)
- ¼ kopp majonnäs
- 2 msk Worcestershiresås
- 1 msk sojasås
- Bonitoflingor (torkade fiskflingor) och inlagd ingefära, till servering

INSTRUKTIONER:
a) I en stor skål, kombinera kål, mjöl, vatten, ägg, salladslök och kokt bacon eller räkor (om du använder). Blanda väl.
b) Värm en non-stick stekpanna eller stekpanna på medelvärme och smörj den lätt.
c) Häll ¼ kopp av smeten i stekpannan och bred ut den till en cirkel.
d) Koka i 3-4 minuter tills botten är gyllenbrun, vänd sedan och koka i ytterligare 3-4 minuter.
e) Upprepa med resterande smet. Servera okonomiyaki med majonnäs, Worcestershiresås och sojasås. Strö över bonitoflingor och servera med inlagd ingefära.

79.Rödkål Grapefruktsallad

INGREDIENSER:
- 4 dl tunt skivad rödkål
- 2 koppar segmenterad grapefrukt
- 3 msk torkade tranbär
- 2 matskedar pumpafrön

INSTRUKTIONER:
a) Lägg salladsingredienserna i en stor mixerskål och blanda .

80.Kål Och Fläsk Gyoza

INGREDIENSER:
- 1 pund (454 g) malet fläsk
- 1 huvud Napakål (cirka 1 pund / 454 g), tunt skivad och finhackad
- ½ dl finhackad salladslök
- 1 tsk finhackad färsk gräslök
- 1 tsk sojasås
- 1 tsk finhackad färsk ingefära
- 1 msk finhackad vitlök
- 1 tsk strösocker
- 2 tsk kosher salt
- 48 till 50 wonton eller dumpling omslag
- Matlagningsspray

INSTRUKTIONER
a) Spraya airfryer-korgen med matlagningsspray. Avsätta.
b) Gör fyllningen: Blanda alla ingredienser, förutom omslagen i en stor skål. Rör om för att blanda väl.
c) Vik ut ett omslag på en ren arbetsyta och dutta sedan kanterna med lite vatten. Skopa upp 2 teskedar av fyllningsblandningen i mitten.
d) Gör gyoza : Vik omslaget till fyllning och tryck på kanterna för att försegla. Veck kanterna om så önskas. Upprepa med resterande omslag och fyllningar.
e) Ordna gyozorna i pannan och spritsa med matlagningsspray.
f) Lägg airfryer-korgen på bakformen och skjut in i Rack Position 2, välj Air Fry, ställ in temperaturen på 360ºF (182ºC) och ställ in tiden på 10 minuter.
g) Vänd gyozorna halvvägs genom tillagningstiden.
h) När de är tillagade blir gyozorna gyllenbruna.
i) Servera omedelbart.

81. Vegetarisk Wontonsoppa

INGREDIENSER:
- Wonton omslag
- 1/2 kopp hackad svamp
- 1/2 kopp hackade morötter
- 1/2 kopp hackad selleri
- 1/2 kopp hackad kål
- 1/4 kopp hackad salladslök
- 2 vitlöksklyftor, hackade
- 1 msk sojasås
- 1 msk sesamolja
- 6 dl grönsaksbuljong

INSTRUKTIONER

a) Fräs svamp, morötter, selleri, vitkål, salladslök och vitlök i några minuter i en panna.

b) Tillsätt sojasåsen och sesamoljan och fortsätt koka tills grönsakerna är mjuka.

c) Lägg en liten sked av grönsaksblandningen i mitten av varje wonton-omslag.

d) Blöt kanterna på wonton-omslaget med vatten, vik på mitten och tryck till för att försegla.

e) Koka upp grönsaksbuljongen i en kastrull.

f) Lägg wontons i grytan och koka i 5-7 minuter, eller tills de flyter upp till ytan.

g) Servera varm.

82.Kål Fisk Tacos

INGREDIENSER:
- 1 pund vit fisk, som torsk eller tilapia
- 1/2 kopp ananasjuice
- 1/2 kopp kokosmjölk
- 1 matsked mörk rom
- 1 matsked olivolja
- 1/2 tsk malen spiskummin
- 1/2 tsk paprika
- 1/2 tsk vitlökspulver
- 1/2 tsk salt
- 1/4 tesked svartpeppar
- Majs tortillas
- Strimlad kål
- Ananasbitar
- Osötad riven kokos
- Koriander till garnering

INSTRUKTIONER
a) Vispa ihop ananasjuice, kokosmjölk, mörk rom, olivolja, spiskummin, paprika, vitlökspulver, salt och svartpeppar i en bunke.
b) Tillsätt fisken i blandningsskålen och rör om.
c) Täck skålen och marinera i kylen i minst 30 minuter.
d) Förvärm en grill till medelhög värme.
e) Grilla fisken 2-3 minuter per sida, tills den är genomstekt.
f) Värm majstortillorna på grillen.
g) 7. Sätt ihop tacosen genom att lägga några fiskbitar på varje tortilla och toppa dem med strimlad kål, ananasbitar, osötad riven kokos och koriander.
h) Servera omedelbart.

83. Fläskfilé Crostini Med Kålsallad

INGREDIENSER:
- 2 matskedar olivolja
- 2 vitlöksklyftor, hackade
- ½ tsk salt
- ¼ tesked svartpeppar
- 1 fläskfilé, putsad
- 1 fransk baguette, skivad i ½-tums skivor
- 3 msk smör, smält
- 2 uns färskost, mjukad
- 2 msk majonnäs
- 2 tsk hackad färsk timjan, plus mer till garnering

ÄPPEL- OCH KÅLSALLAD
- 3 matskedar olivolja
- ½ litet Granny Smith-äpple, tunt skivat
- 2 ½ dl finstrimlad rödkål
- 2 msk balsamvinäger
- ¼ tesked salt
- ¼ tesked svartpeppar

INSTRUKTIONER:
a) Kombinera 2 matskedar olivolja, vitlök, salt och peppar i en medelstor skål.
b) Tillsätt fläsk och vänd till pälsen.
c) Täck med plastfolie och låt marinera i 20 minuter i rumstemperatur.
d) Värm ugnen till 350 grader.
e) Värm en stor ugnssäker stekpanna över medelhög värme. Tillsätt fläsk och stek på alla sidor.
f) Flytta pannan till ugnen och stek fläsk i 15-20 minuter.
g) Kyl fläsk helt och skär i ¼-tums skivor.
h) Kombinera färskost, majonnäs och timjan i en liten skål och rör tills det är slätt. Avsätta.

ÄPPEL- OCH KÅLSALLAD
i) Hetta upp 3 msk olivolja i en stekpanna.
j) Tillsätt äpplen och koka i 1 minut, rör om ofta.
k) Tillsätt kål och koka i 5 minuter.
l) Tillsätt vinäger, salt och peppar och koka i 4 till 5 minuter, rör om ofta, tills vätskan avdunstar.

ATT BYGGA IHOP:
m) Pensla båda sidorna av baguetteskivorna med smält smör.
n) Grädda i 350 grader i 10 till 12 minuter, tills de fått lite färg runt kanterna.
o) Fördela färskostblandningen på ena sidan av varje brödskiva.
p) Toppa med 1 till 2 skivor fläsk.
q) Lägg rödkål ovanpå.

84.Açaí Skål Med Persikor Och Kål Microgreens

INGREDIENSER:
- ½ kopp kål microgreens
- 1 fryst banan
- 1 dl frysta röda bär
- 4 matskedar Açaí -pulver
- ¾ kopp mandel- eller kokosmjölk
- ½ kopp vanlig grekisk yoghurt
- ¼ tesked mandelextrakt

GARNERING:
- Rostade kokosflingor
- Färska persikaskivor
- Granola eller rostade nötter/frön
- Ringla honung

INSTRUKTIONER:
a) Mixa mjölken och yoghurten i en stor snabbmixer. Tillsätt den frysta frukten Açaí, kålmikrogrönt och mandelextrakt.
b) Fortsätt att mixa på låg tills den är slät, tillsätt bara ytterligare vätska om det behövs. Den ska vara tjock och krämig, som glass!
c) Dela smoothien i två skålar och toppa den med alla dina favoritpålägg.

85.Frukt Och Kålsallad

INGREDIENSER:
- 2 apelsiner , skalade och sektionerade
- 2 äpplen , hackade
- 2 dl grönkål , strimlad
- 1 kopp kärnfria gröna druvor
- ½ dl vispgrädde
- 1 matsked socker
- 1 msk citronsaft
- ¼ tesked salt
- ¼ kopp majonnäs/salladsdressing

INSTRUKTIONER:
a) Lägg apelsiner, äpplen, kål och vindruvor i en skål.
b) Vispa vispgrädden i en kyld skål tills den blir styv. Vänd ner vispad grädde, socker, citronsaft och salt till majonnäs.
c) Rör ner i fruktblandningen.

86. Röd Sammetssallad Med Rödbetor Och Mozzarella

INGREDIENSER:
- ½ rödkål
- ½ limejuice
- 3 msk rödbetsjuice
- 3 matskedar agavesirap
- 3 kokta rödbetor
- 150 gr Mozzarella små ostbollar
- 2 msk gräslök fint hackad
- 2 msk pinjenötter rostade

INSTRUKTIONER:
a) Skär rödkålen med en skalare i fina strängar.
b) Ta en mixerskål och blanda betsaften med 2 msk agavesirap och saften av en halv lime.
c) Blanda detta med den skivade rödkålen och låt marinera i en halvtimme.
d) Efteråt låter du kålen rinna av i en sil.
e) Av de kokta rödbetorna får du små bollar med en Parisienne - scoop.
f) Strö dessa bollar med 1 msk agavesirap.
g) Rosta pinjenötterna i en panna tills de är gyllenbruna. Lägg den avrunna rödkålen i ett fat.
h) Lägg på rödbetorna och mozzarellabollarna. Dela pinjenötterna och finhackad gräslök ovanpå.

87.Kål Och Apelsinjuice

INGREDIENSER:
- 1 grönt äpple
- 1 apelsin
- 1 tsk Spirulina pulver
- 4 blad rödkål

INSTRUKTIONER:
a) Kärna ur det gröna äpplet och skala apelsinen.
b) Flytta dem till en juicepress tillsammans med kål och Spirulinapulver.
c) Juice och servera genast.

88.Vårkålsoppa med knaprig sjögräs

INGREDIENSER:
- 4 matskedar smör
- 1 dl potatis, skalad och hackad
- ¾ kopp hackad lök
- Salt och nymalen svartpeppar
- 3¾ kopp Lätt hemgjord kycklingfond
- 3½ dl Hackade unga vårkålsblad
- ¼ kopp grädde
- Krispigt sjögräs
- Savoykål
- Olja för stekning
- Salt
- Socker

INSTRUKTIONER:
a) Smält smöret i en tjock panna. När det skummar, tillsätt potatisen och löken och vänd ner dem i smöret tills det är väl täckt. Strö över salt och peppar. Täck och svettas på låg värme i 10 minuter. Tillsätt fonden och koka tills potatisen är mjuk.
b) Tillsätt kålen och koka utan lock tills kålen precis är kokt - en fråga om 4 till 5 minuter. Att hålla locket av behåller den gröna färgen.
c) För att göra Crispy Seaweed, ta bort de yttre bladen från kålen och skär ut stjälkarna. Rulla bladen till cigarrer och skär dem i tunnast möjliga strimlor med en mycket vass kniv. Värm oljan i en fritös till 350 grader F. Häll i lite kål och koka i bara några sekunder. Så fort det börjar bli knaprigt, ta bort och rinna av det på hushållspapper.
d) Strö över salt och socker. Kasta, och servera som garnering på soppan eller bara knapra.
e) Mosa soppan i en mixer eller matberedare. Smaka av och justera kryddningen.
f) Tillsätt grädden innan servering. Servera ensam eller med en hög Crispy Seaweed på toppen.

89.Kål Och Granatäpple Sallad

INGREDIENSER:
- 1 dl vitkål – riven
- ½ granatäpple, kärnorna borttagna
- ¼ matskedar senapsfrön
- ¼ matskedar spiskummin
- 4-5 curryblad
- Nyp asafoetida
- 1 matsked olja
- Salt och socker efter smak
- Citronsaft efter smak
- Färska korianderblad

INSTRUKTIONER:
a) Kombinera granatäpple och kål.
b) Hetta upp senapsfröna i en panna med oljan.
c) Tillsätt spiskummin, currybladen och asafoetida i pannan.
d) Kombinera kryddblandningen med kålen.
e) Tillsätt socker, salt och citronsaft och blanda ordentligt.
f) Servera garnerad med koriander.

90.Nötköttsallad Med Inlagda Gojibär

INGREDIENSER:
- 2 rib-eye biffar
- Cashewdressing

FÖR MARINADEN:
- Skal av 2 limefrukter
- 3 msk limejuice
- 2 vitlöksklyftor, hackade
- 1 msk nyriven ingefära
- 1 msk honung
- 2 tsk fisksås
- 1 msk rostad sesamolja
- 2 matskedar vegetabilisk olja

FÖR DE PILADE GOJI-BÄREN:
- 3 msk äppelcidervinäger, uppvärmd
- 2 tsk honung
- ½ tsk fint salt
- ⅓ kopp Gojibär

FÖR SALLAD:
- 4 minigurkor, tunt skivade
- 1 liten lila kål, strimlad
- 1 liten grönkål, strimlad
- 2 morötter, skalade och tunt rakade
- 4 salladslökar, fint skivade
- 1 röd chili, skrapade frön och fint skivade
- ½ kopp av varje, färsk mynta, koriander och basilika
- 2 msk rostade sesamfrön, till slut
- ¼ tesked torkade röda chiliflakes

INSTRUKTIONER:

a) För marinaden, lägg alla ingredienserna i en liten mixerskål och vispa ihop.
b) Lägg biffarna i en icke-reaktiv form. Ringla över hälften av marinaden. Täck över och ställ i kylen för att marinera i flera timmar. Behåll den reserverade marinaden för att dressa salladen.
c) För de inlagda gojibären, kombinera alla ingredienser i en skål. Ställ åt sidan i 30 minuter för att macerera.
d) Låt de marinerade biffarna få rumstemperatur innan de grillas. Värm en Le Creuset 30 cm gjutjärn Signature Shallow Grill tills den är varm. Bryn biffarna på medelhögt i 3-4 minuter. Vänd och låt koka i ytterligare 3 minuter, eller tills du är färdig enligt din smak. Vila i 5-7 minuter innan du skär upp.
e) Lägg alla salladsingredienser, utom sesamfröna, i en stor skål. Tillsätt den reserverade marinaden och blanda lätt för att täcka. Överför salladen till ett serveringsfat. Ordna den skivade biffen på salladen. Strö över sesamfrön och servera cashewdressingen vid sidan av.

91. Kål & Betsoppa

INGREDIENSER:
- 1 Med kål; skivad eller klyftad
- 3 vitlök; kryddnejlika hackad
- Beta; knippa
- 3 Morot; få
- 1 Lg lök
- 2 Selleri; stjälkar skära i 3:or
- 3 pund Ben; kött/märgben
- 2 citron
- 2 burkar Tomater; dränera inte

INSTRUKTIONER:
a) Lägg kött och ben i en 8- eller 12-qts lagergryta. Lägg i burkar med tomater, täck med vatten och låt koka upp.
b) Förbered dina grönsaker under tiden. Skiva rödbetor och morötter, andra går i hela. När fonden kokar, skumma av toppen.
c) Lägg i rödbetor, morötter, vitlök och andra grönsaker. Sänk värmen till en sjud och håll locket på snett.
d) Efter ungefär en timme, lägg i vitlök och socker.

92.Rödkål med krysantemum s

INGREDIENSER:
- 1 rödkål, urkärnad & tunt
- ¼ kopp smör
- 1 lök, skivad i ringar
- 2 stora äpplen, skalade, urkärnade, tunt skivade
- 2 matskedar Gula krysantemumblad
- 2 matskedar Farinsocker
- Kallt vatten
- 4 matskedar rödvinsvinäger
- Havssalt
- Peppar
- Smör
- Färska kronblad av krysantemum

INSTRUKTIONER:
a) Blanchera rödkålen i kokande vatten i 1 minut.
b) Låt rinna av, fräscha upp och ställ åt sidan. Hetta upp smöret i en stekpanna, lägg i lökringarna och låt svettas i 4 minuter tills det är mjukt.
c) Rör ner äppelskivorna och koka i ytterligare 1 minut.
d) Lägg kålen i en djup flamsäker gryta med tättslutande lock.
e) Blanda i löken, äpplena och krysantemumbladen och vänd alla ingredienser så att de blir väl belagda med smöret.
f) Strö över sockret och häll i vatten och vinäger. Krydda lätt.
g) Tillaga på låg värme, eller i ugnen på 325F/170/gas 3 i 1½ - 2 timmar, tills kålen är mjuk.
h) Precis innan servering, lägg i en rejäl klick smör och några färska krysantemumblad.

93.Kålröra

INGREDIENSER:
- 1 liten vitkål, strimlad
- 1 morot, finhackad
- 1 paprika, tunt skivad
- 2 vitlöksklyftor, hackade
- 2 msk sojasås
- 1 msk sesamolja
- 1 matsked vegetabilisk olja
- Salta och peppra efter smak

INSTRUKTIONER:
a) Värm vegetabilisk olja i en panna på medelvärme.
b) Tillsätt hackad vitlök och fräs tills det doftar.
c) Tillsätt strimlad vitkål, skuren morot och skivad paprika. Fräs i 5-7 minuter tills grönsakerna är mjuka.
d) Häll sojasås och sesamolja över grönsakerna, blanda väl.
e) Krydda med salt och peppar efter smak.
f) Servera varmt och njut!

94.Fyllda kålrullar

INGREDIENSER:
- 1 stor kål
- 1 lb köttfärs
- 1 kopp kokt ris
- 1 lök, finhackad
- 1 burk tomatsås
- 1 tsk italiensk krydda
- Salta och peppra efter smak

INSTRUKTIONER:
a) Koka kålblad tills de är böjliga, svalna sedan och ställ åt sidan.
b) Blanda nötfärs, kokt ris, hackad lök, italiensk krydda, salt och peppar i en skål.
c) Lägg en sked av blandningen på varje kålblad och rulla ihop hårt.
d) Lägg rullarna i en ugnsform, häll tomatsås över dem.
e) Grädda i 350°F (175°C) i 30-40 minuter.
f) Servera med ytterligare sås och njut!

95.Kål Och Korv Soppa

INGREDIENSER:
- 1/2 huvudkål, hackad
- 1 lb rökt korv, skivad
- 1 lök, tärnad
- 2 morötter, skivade
- 3 vitlöksklyftor, hackade
- 4 dl kycklingbuljong
- 1 burk tärnade tomater
- 1 tsk torkad timjan
- Salta och peppra efter smak

INSTRUKTIONER:
a) I en stor gryta, sautera korven tills den fått färg.
b) Tillsätt lök och vitlök, koka tills det mjuknat.
c) Rör ner kål, morötter, kycklingbuljong, tärnade tomater, timjan, salt och peppar.
d) Sjud i 20-25 minuter tills grönsakerna är mjuka.
e) Justera kryddningen och servera varm.

96.Kålsallad Med Citrondressing

INGREDIENSER:
- 1/2 huvud rödkål, tunt skivad
- 1 kopp strimlade morötter
- 1/4 kopp hackad färsk persilja
- 1/4 kopp olivolja
- Saften av 1 citron
- 1 msk honung
- Salta och peppra efter smak

INSTRUKTIONER:
a) I en stor skål, kombinera skivad kål, strimlade morötter och hackad persilja.
b) I en liten skål, vispa ihop olivolja, citronsaft, honung, salt och peppar.
c) Häll dressingen över kålblandningen och blanda ihop.
d) Kyl i 30 minuter innan servering.

97.Kål Och Potatis Curry

INGREDIENSER:
- 1 liten kål, hackad
- 3 potatisar, skalade och tärnade
- 1 lök, finhackad
- 2 tomater, tärnade
- 2 msk currypulver
- 1 tsk spiskummin
- 1 tsk gurkmeja
- 1 dl kokosmjölk
- Salt att smaka

INSTRUKTIONER:
a) Värm olja i en panna och tillsätt spiskummin. När de spritter, tillsätt hackad lök och fräs tills den är gyllenbrun.
b) Tillsätt currypulver och gurkmeja, rör om i en minut.
c) Tillsätt tärnad potatis och tomater, koka tills potatisen är lite mjuk.
d) Tillsätt hackad kål, kokosmjölk och salt. Täck över och låt sjuda tills grönsakerna är kokta.
e) Servera varm med ris eller bröd.

98.Kål Och Räkor Woka

INGREDIENSER:
- 1 liten vitkål, tunt skivad
- 1 lb räkor, skalade och deveirade
- 1 röd paprika, skivad
- 2 msk sojasås
- 1 msk ostronsås
- 1 msk ingefära, finhackad
- 2 matskedar vegetabilisk olja
- Salladslök till garnering

INSTRUKTIONER:
a) Värm vegetabilisk olja i en wok eller stor stekpanna.
b) Tillsätt hackad ingefära och skivad paprika, fräs i 2 minuter.
c) Tillsätt räkor och koka tills de blir rosa.
d) Häll i tunt skivad kål och fräs tills kålen är mör-knäck.
e) Häll sojasås och ostronsås över wokningen, rör om väl.
f) Garnera med salladslök och servera över ris.

99.Fry Kål Och Svamp

INGREDIENSER:
- 1 liten vitkål, tunt skivad
- 1 dl svamp, skivad
- 1 rödlök, tunt skivad
- 3 msk sojasås
- 1 msk risvinäger
- 1 msk sesamolja
- 1 tsk socker
- 2 matskedar vegetabilisk olja

INSTRUKTIONER:
a) Värm vegetabilisk olja i en wok eller stekpanna.
b) Tillsätt skivad svamp och rödlök, fräs tills svampen släpper fukten.
c) Tillsätt tunt skivad kål och fortsätt att steka tills grönsakerna är mjuka.
d) Blanda sojasås, risvinäger, sesamolja och socker i en liten skål. Häll över grönsakerna och blanda ihop.
e) Servera varm som tillbehör eller över ris.

100.Kål Och Jordnötssallad

INGREDIENSER:
- 1/2 huvud rödkål, strimlad
- 1 kopp strimlade morötter
- 1/2 kopp hackade jordnötter
- 2 msk sojasås
- 1 msk risvinäger
- 1 msk sesamolja
- 1 tsk honung
- Hackad koriander till garnering

INSTRUKTIONER:
a) I en stor skål, kombinera strimlad rödkål och strimlade morötter.
b) I en liten skål, vispa ihop sojasås, risvinäger, sesamolja och honung.
c) Häll dressingen över kålblandningen, rör tills den är väl täckt.
d) Strö över hackade jordnötter och koriander.
e) Kyl i 30 minuter innan servering.

SLUTSATS

När vi avslutar vår smakrika resa genom "Kokbok "hälsosam kål och kimchi" hoppas vi att du har upplevt glädjen av att införliva näringsrik kål och de djärva smakerna av kimchi i din kulinariska repertoar. Varje recept på dessa sidor är en hyllning till de olika kålarna och jäsningens transformativa kraft – ett bevis på de läckra och hälsosamma möjligheter som väntar i ditt kök.

Oavsett om du har njutit av den klassiska syrligheten hos Napakålkimchi, experimenterat med uppfinningsrik rödkålskimchi eller anammat mångsidigheten hos savojkål i kimchi-varianter, litar vi på att dessa 100 recept har väckt din entusiasm för att utforska världen av kål och kimchi. Utöver ingredienserna och teknikerna, må konceptet med hälsosam kål och kimchitillverkning bli en inspirationskälla, vilket gör ditt kök till ett nav av näringsrika och smakrika kreationer.

När du fortsätter att utforska världen av kål och kimchi, må "Kokbok "hälsosam kål och kimchi" vara din pålitliga följeslagare, som guidar dig genom en mängd läckra alternativ som tar med de goda ingredienserna till ditt bord. Här är det för att fira den hälsosamma och smakrika resan genom kål och kimchi – god aptit!

www.ingramcontent.com/pod-product-compliance
Lightning Source LLC
Chambersburg PA
CBHW071335110526
44591CB00010B/1152